児童労働を考えるNGO＝ACE《エース》
岩附由香＋白木朋子＋水寄僚子——著

わたし8歳、カカオ畑で働きつづけて。

児童労働者とよばれる
2億1800万人の
子どもたち

合同出版

旅をする中で、子どもたちの置かれた状況が明と暗の2つに分かれるのを私は見てきました。

一方には、孤児として生まれても、親戚に引き取られたり政府やNGOの援助を受けたりすることによって、ヘルスケアや教育を受けられるようになる子どもがいます。地域社会がこうした子どもたちを見守り、搾取しようとする人たちから保護しているのです。このような子どもたちが立派に成長することができるのは、私たちの努力の成果だといえるでしょう。

しかしその一方で、もっと暗い状況にいる子どもたちのほうが多いことも事実です。カンボジアでは5歳の少女が人身売買の被害にあって、物乞いをさせられています。北ウガンダでは12歳の少年が誘拐され、兵士として訓練され、人を殺すことを強いられています。また、8歳の女の子が、空腹に耐えられず、食べ物と引き換えに自分の身体を売っています。

私たちの未来は、私たちが子どもたちをどう育てていくかによってつくられていくのです。私たちにはわかっています。無関心でいることの代償や、この子どもたちに何が起きるかや、行動を起こさないでいることがどんな結果をもたらすかを。

これをきっかけにみなさんが、子どもに起きていることをもっとよく知るようになり、かかわりを持ってくれるようになることを願っています。

アンジェリーナ・ジョリー

（教育のためのグローバルキャンペーン・2007年アクションウィーク・米国記者会見から）

この本を読むみなさんへ

児童労働に反対するグローバルマーチ代表
ユネスコ「万人のための教育」ハイレベルグループ委員
カイラシュ・サティヤルティ

この本は、いま世界の各地でおこなわれている児童労働の現状について書かれています。この本が日本語で出版されたことに、私は大きな賞賛を贈りたいと思います。児童労働の問題の解決を訴えて私はこれまで何度か日本を訪問しました。そして、日本に滞在するたびに、世界の多くの地域で起きているいろいろな児童労働の実態について、日本語でまとめられたこのような本の必要性と重要性とを感じていました。

世界中の子どもたちすべてが——すべてという言葉を強調します——人としての権利と未来を手に入れるために、質のよい教育を受け、進んだ知識を身につけられるように、私たちは今こそ行動を起こすべきです。子どもたちは、地球の未来をつくる大切な財産です。児童労働は、その子どもたちが教育を受けることをさまたげている原因となっています。ですから児童労働がなぜ起きるのか、その結果、子どもたちと私たちの社会に何が起きるのかを知ることが、子どもたちが教育を受けられるようにするためにたいへん重要なのです。

世界中にある児童労働はかんたんに解決できる問題ではありませんが、明るい兆《きざ》しもみえてきました。国際社会が、児童労働の解決を目指して取り組みをはじめているからです。あらゆる国に住む子どもたちみんなが学べるようになるために、各国が取り組みはじめています。また、日本の人たちの間にも問題意識が芽生えはじめています。海外からの品物を買っている日本の人たちから、それぞれの国ぐにで会社を経営している人びとや自然破壊をしている人びとに対して社会的責任を果たすことを求める声が出てきました。こうした多くの人たちの取り組みを知ることで、児童労働をなくすことは不可能ではないという明るい希望を私たちは持つことができるのです。

この本を作った著者と出版社の方々の努力を私はたたえたいと思います。この本は日本のみなさんに児童労働の問題を知ってもらい、学んでもらうための助けになると確信しています。この本に書かれている児童労働に対する取り組みから、問題の解決のために活かしていける教訓はたくさんあります。日本のみなさんも、すべての子どもたちが幸せに暮らしていける社会をつくるという希望の輪を私たちと一緒に広げていきましょう。

カイラシュ・サティヤルティ氏

児童労働、子どもの教育・権利に関するインド国内および国連などにおける国際的な提言活動、国際ネットワークの構築に力をいれる児童労働活動家。インド国内では1980年にBBA/SACCS・南アジア奴隷解放連盟を設立。その活動が評価され、これまでロバート・ケネディ人権賞（米国・1995年）、金旗賞（オランダ・1998年）、F・エバート財団国際人権賞（ドイツ・1999年）、ラウル・ワレンベルク人権賞（米国・2002年）など多数の賞を受賞してきた。2006年にはノーベル平和賞にも推薦され、最終選考に残った。

もくじ◎わたし8歳、カカオ畑で働きつづけて。

装幀……守谷義明＋六月舎　イラストレーション……菊池麻衣子

この本に出てくる地域と国

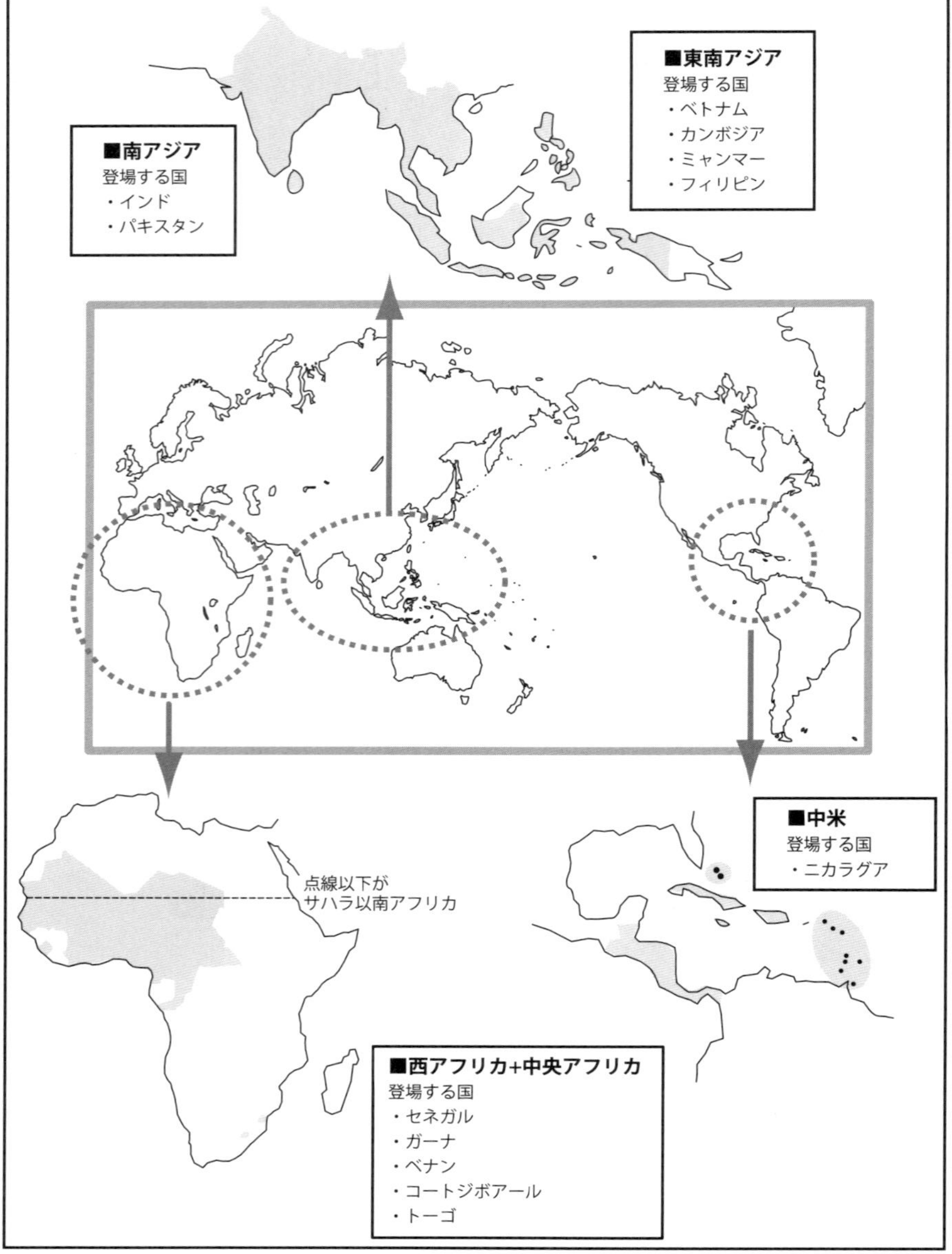

■南アジア
登場する国
・インド
・パキスタン
■東南アジア
登場する国
・ベトナム
・カンボジア
・ミャンマー
・フィリピン
点線以下が
サハラ以南アフリカ
■西アフリカ+中央アフリカ
登場する国
・セネガル
・ガーナ
・ベナン
・コートジボアール
・トーゴ
■中米
登場する国
・ニカラグア

第1章
私たちが出会った子どもたち

サッカーボールを縫っていたインドのソニアちゃん

インドのパンジャーブ州に住むソニアちゃんは、5歳から11歳まで、家でサッカーボールを縫う仕事をしていました。病気のお母さんの看病のためにお父さんは仕事ができないので、ソニアちゃんが5歳のときから働いて一家の家計を支えていました。5歳のソニアちゃんは毎朝7時までは家の仕事をして、その後夕方の5時半までボールを縫《ぬ》う仕事をしました。ボールを1つ縫ってもらえるお金は5ルピー、日本円でおよそ15円です。1日にボールを3つ縫えればよいほうでした。サッカーボールの革はとても硬いので、縫うには力がいります。家の中は昼間でも暗く、とても目が疲れました。

縫い方が弱かったり縫い目がずれたりするとお金がもらえないこともあるので、気をゆるめることはできません。針で手を刺してしまうこともよくありました。ずっとおなじ姿勢で座ったまま何時間も縫いつづけていると、おなかが痛くなることもありました。

ほんとうは学校へ行って勉強をしたいと思っていましたが、お父さんに「学校に行かせてほしい」とはいえませんでした。ソニアちゃんは7歳のとき、原因は分かりませんが、急に目が見えなくなってしまいました。目が見えなくなってからも、親戚の人に手伝ってもらって、手探りでボールを縫いつづけたといいます。

幸いなことに、学校に行かずに働いている子どもを見つけて救出する活動をおこなうＮＧＯのスタッフによって、ソニアちゃんは11歳のとき助け出されました。インドやパキスタンの子どもたちがサッカーボールをつくる仕事をしていることが世界中に知られるようになり、実態調査がおこなわれたのです。インドのパンジャーブ州では、サッカーボールだけでなく、バレーボールやラグビーボールなど、さまざまなスポーツ用品をつくる仕事がさかんにおこなわれてきました。

１９９８年の調査では、ソニアちゃんとおなじような仕事をする子どもたちがパンジャーブ州だけでも1万人もいることがわかりました。子どもの教育に取り組むＮＧＯが、子どもたちを労働から解放し、教育を受けさせるための活動をはじめました。

ＮＧＯのスタッフが「何をしたいの？」と聞くと、ソニアちゃんは「勉強をしたい」と答えました。これをきっかけにソニアちゃんは学校に通えるよ

ソニアさん（当時15歳）。記者会見で、日本のメディアにサッカーボールを縫っていた自分の体験を語った（２００１年5月）

うになりました。

２００１年５月、15歳のときソニアちゃんは日本にやってきました。「ワールドカップキャンペーン２００２〜世界から児童労働をキックアウト！」の啓発キャンペーン*で記者会見をするためです。

ソニアちゃんは、サッカーボールを縫う仕事をしていた自分の体験を語り、子どもがつくったボールをワールドカップの試合で使わないよう、子どもたちには労働ではなく教育を与えるよう、力強く訴えました。もしもソニアちゃんが救出されることなく、いまでも暗い部屋でボールを縫いつづけていたら、一生勉強をすることも外の世界を知ることもなかったかもしれません。

そのソニアちゃんはいま、明るくて笑顔がすてきな22歳の女性になっています。

啓発キャンペーン：「サッカーワールドカップ日韓大会」にあわせ、人びとに広く児童労働の問題について知らせ、問題の解決に協力してもらうことを呼びかけた。国際ネットワークNGO「児童労働に反対するグローバルマーチ」の呼びかけによってさまざまな活動が世界各地で行われた。１５１ページ参照

インド、ウッタル・プラデシュ州メーラット県の農村でサッカーボールを縫う子どもたち。サッカーボールのほか、クリケットのボールなど、さまざまなものが家で家内工業的につくられている（2004 年、岩附撮影）

トマト農園で働くニカラグアの10歳の少女

マルタちゃんは10歳の女の子です。トマトを収穫する仕事をしています。トマト畑の仕事は朝7時から夕方4時まで。1日働いても、150円くらいにしかなりません。15リットルは入る大きなバケツ1杯分を収穫しても約1・5コルドバ（約10円）なのです。バケツに収穫したトマトは、少しはなれた場所まで頭の上にのせて運びますが、1日に20回以上も往復する仕事は、10歳の女の子マルタちゃんには重労働です。

40度近くまで気温が上がる炎天下での収穫作業はおとなでもきつい仕事です。トマトに吹きつけられた緑色の化学肥料で手は緑に変色し、ツメや目、鼻の中まで粉末が入ってきます。着ているシャツやサンダルにも粉末が付着しますが、手を洗う水もないので、そのままで食事をし、草むらでトイレをすませます。

マルタちゃんの家族は9人家族。お父さんは、近くの国エルサルバドルに月の半分は出稼ぎに出ています。1日の収入は600円くらいになります。この地域の相場としては悪くない収入ですが、家族9人の食費でほとんどが消えていきます。

マルタちゃんは3年生まで小学校に通いましたが、もともと勉強にあまり興味がなく、鉛筆やノートを買うお金がなかったこともあって、学校にあまり行きたがりませんでした。そして4年生になると学校に行くのをお父さんがやめさせてしまいました。働かなくてもすむならもちろんそのほうがいいけれど、ほんとうにお金に困っているときは、子どもも仕事をしてお金を得ることが必要な場合もあるとマルタちゃんは考えていました。子どもが働いてはいけない*ことを知らなかったので、自分が働くことになんの疑問も持っていませんでした。

マルタちゃんのことは、マドリス県ソモト市にある地元のNGO団体、人間向上協会（INPRHU）に知らされました。ニカラグアでは児童労働が禁止されていることをスタッフが説明し、父親には学校に行かせるように説得が始まりました。マルタちゃんも勉強に少しずつ興味を持ちはじめ、学校に戻ることを約束してくれるようになりました。

「もし、働かなくてよいなら何がしたいの？」とマルタちゃんに質問すると、「学校に行って友だちと遊んだり、勉強したりしたい」と答えました。「将

*子どもが働いてはいけない：ニカラグアでは、子どもの成長や教育に悪影響をおよぼす仕事を禁止している。1996年には、それまで12歳だった働いてよい最低年齢が14歳に引き上げられた。また、14歳を過ぎても17歳までは1日の労働時間が6時間を越える労働や夜間に働くことを禁止している。

来は、レンガでできたとても大きな家がほしい。そしてウマやウシ、ニワトリなどの家畜やイヌをたくさん飼って世話をするのが夢」だといいます。お医者さんになりたいという希望も持っていました。

収穫したトマトの選別と箱詰めの様子

8歳の売春婦、フィリピンのピアちゃん

フィリピンのマニラに住んでいたピアちゃんは、11歳のとき、外国人の男に買春されているところを警察に保護されました。両親は、ピアちゃんが生まれてすぐどこかに行ってしまったので、ピアちゃんは父方のおばあさんの元に引き取られました。おばあさんの小さな家には、おじいさんやおばさんなど6人が住んでいました。家は貧しく、おばさんたちからいじめられました。

ピアちゃんは6歳で小学校に入学しましたが、勉強についていけなくなり、3年生に上がる前にやめてしまいました。7歳のときには街に出て、車の番をする仕事を手はじめに、ビニール袋や小物を売る仕事やビル掃除などをしました。

ある日、地域で買春のブローカー*をしていた女性に目をつけられ、その勧めで日本人などの男性を相手にした仕事をはじめました。8歳のときでした。仕事はいやで仕方がありませんでしたが、お金を持って帰ればおばあさんたちの機嫌がよくなるので、続けていました。

ピアちゃんは、警察に保護された後、施設で暮らしながら学校に通い、看

*買春のブローカー：子どもたちを客に斡旋して、儲ける仲介業者。子どもたちを知っている親戚や近所の人が子どもを斡旋する場合も多い。

護学校を卒業しました。いまではすっかり落ち着いていますが、心に受けた深い傷をいやし、心の安定を取り戻すのに何年もかかりました。

奴隷のように働かされたり虐待を受けたりするのは、自分がだらしなくて自分に問題があるせいだと、売春の仕事をしている自分を責めてばかりいたといいます。

いまピアさんは、プレダ基金*の施設のスタッフとして自分と似たような境遇の子どもたちの世話をして働いています。「自分の体験が役に立つかどうかはわからないけれど、ほかの子どもたちの手本となりたい。将来は自分をほんとうに愛してくれる家族がほしい。自分の子どもに対してもよい親になりたい」と思っています。

世界には、売春させられる子どもたちが180万人もいると国際労働機関（ILO）は報告しています。でも、そのほんとうの数を知ることはできません。なぜなら、子どもの買春は表に出てこない犯罪だからです。ひとりの子どもをくり返し複数のおとなたちがお金で買うのですから、買春するおとなたちの数はとても多いのです。

プレダ基金の施設：性的虐待を受けた女の子（6歳〜18歳）や、刑務所で不当に扱われていた男の子、ストリートチルドレンなどを保護し、子どもの家という寮を提供しながら、心のケアのほか、職業訓練、教育の支援をおこなっている。

日本で講演するピアさん（2006年10月）

「家事使用人」になったベナンの少女

現在の日本ではあまり馴染《なじ》みがありませんが、世界には他人の家庭で家事やいいつけられた仕事をする「家事使用人」がいる中流階級の家庭が多くみられます。

日本でも昔「奉公」といって、貧しい家庭の子どもが他人の家に住み込み、家事や家業を手伝う制度がありました。いまでも、とくに貧しい家庭から子どもを家庭の使用人として働きに出し、家庭の負担を減らすということが南アジアやアフリカ、中東などで多くおこなわれています。そのような子どもたちの中には、働いている家の人から虐待を受ける者もいるということも多く報じられ、児童労働の一つとして解決に向けて世界中で取り組みが進められています。

２００４年８月、西アフリカのベナンとトーゴの２ヵ国で家事使用人として働く子どもたちを対象にワークショップが開かれました。子どもたちから直接話を聞いて、家事使用人の子どもたちを守るにはどのような対策が必要なのかを考えることが目的です。

80人を超える子どもたちが参加し、体験を証言しました。WAO-Afrique＊というＮＧＯでこのワークショップの実施にかかわった冨田沓子さんは、つぎのように報告をしてくれました。

２０００年、ジョスさんは両親のいいつけで、生まれ故郷のベナンの村アグデブロウフォから同じ西アフリカの国コートジボアールに連れてこられました。ジョスさんが9歳のときでした。雇い主はお父さんの友だちだと聞かされていました。

ジョスさんはコートジボアールまでの道のりを覚えていません。覚えているのは、朝早くタクシーで出発したこと、知らない町で降りてバスに乗ったことだけです。

雇い主の家では、チェホホエちゃんという女の子と一緒に働くことになりました。仕事の内容は、家事の手伝い、街で水とキャンディーを売ることです。朝は5時に起き、家の掃除、トイレ掃除、洗濯、食事の支度をし、７時には水とキャンディーを持って街に出ます。12時にいったん家に戻り、午後に売るものを補充しますが、帰ってもお昼ごはんを食べさせてはもらえませ

＊WAO-Afrique：１９８５年に世界孤児協会（World Association for Orphans）としてベルギーで設立されたＮＧＯ団体。１９９０年にトーゴでアフリカの団体WAO-Afriqueとして独立した。子どもの搾取に反対し、政治家に訴えるロビー活動などをおこなうほか、子どもの家事使用人への支援を続けている。

家に戻ったジョスさん（写真提供：冨田沓子）

ん。ウォー（とうもろこしの粉でつくったおもちのようなもの）を持たされ、道端でそれを食べます。

午後2時半頃には家に戻り、翌日の準備をしました。水を袋に入れて冷蔵庫で冷やしたりキャンディーを数えたりした後、また家での仕事が待っています。夕食は真夜中近くになることもありました。それも、つくり置いたスープを1週間に分けて食べるというものでした。雇い主は、ジョスさんたちが失敗をするとひどくぶちました。

一度、ジョスさんが物売りをしていたとき、車にはねられてけがをしたことがありました。事故を目撃した人たちが病院に行くように勧めてくれましたが、雇い主はジョスさんをひどく叱って、そのまま仕事を続けるように命令しました。

また、路上で警察官に保護されたときは、警察が雇い主を呼びつけ、ジョスさんたちに対する虐待をやめるように指導しました。しかし、警察を出るとすぐに、雇い主はジョスさんたちを叱ると、警察官がいない別の通りで物売りをするように指示しました。そして、すべて売り切るまで家に帰ってくるな、売れるまで食事はさせないといったのです。

「コートジボアールに行くって聞いたときは、ほんの少し遊びに行くものだと思ったの。でも気づいたら働いていて、しかもお金はもらえなかったわ。ベナンの村にいたとき、わたしは2年生だったのだけど、働いているときは、何も食べさせてもらえなかったり、仕事が終わるまではテレビをみることもできなかったわ」とジョスさんは振り返ります。

２００3年8月、路上で物売りをしているジョスさんをお姉さんの友だちが偶然みかけ、声をかけてくれました。ジョスさんが、いまの境遇を洗いざらい話すと、その人は涙ながらにすぐにお姉さんに電話をかけてくれました。お母さんにジョスさんの状況が伝わり、お母さんは雇い主と長い時間、電話で話し合いました。

そのことがあってから、雇い主はジョスさんに、「家に帰りたいか」と質問してくるようになりました。ジョスさんはいつも「帰りたい」と答えました。11月になって、ジョスさんはやっと家に帰ることができました。雇い主は、新しい靴、12メートルの布、２０００セーファ（約５００円）、古着、大きな桶（約１５００円）と一緒にジョスさんを連れて家に送り届けてくれました。

ワークショップの様子（写真提供：冨田沓子）

西アフリカでは、子どもたちを親戚の家や友人の家に預けて働かせる習慣が昔からありました。この習慣は、子どもたちに社会性を身につけさせ、子どもの多い家庭の負担を軽くするためのものでした。でも、ジョスさんのように、いまの「家事使用人」の状況は伝統的な慣習とは違ったものになっていると、冨田さんは言います。

西アフリカでも国民の間で経済格差が大きくなっています。都市部ではエリート階層の女性たちが高等教育を受け、仕事に就くようになりました。家事の担い手がいなくなった家庭では、貧しい農村部の女の子たちを連れてきて家事使用人として働かせることが増えています。家事使用人として働いているのは、おとなでも子どもでも女性がほとんどです。「奴隷」に近いケースもたくさん報告されています。

借金のかたに働かされるインドの少年

家事使用人として子どもが働くのはアフリカにかぎった習慣ではありません。インドのビハール州に住んでいたスマン君も家事使用人として働いていました。スマン君が小さいときにお父さんが亡くなったので、お母さんが公務員の家の「家事使用人」として働いてスマン君を育ててくれました。しかしお母さんが病気になり、働けなくなってしまいました。病気の治療代のためにお母さんは雇い主から借金をしました。スマン君は、その借金を返すためにお母さんの代わりに働くことになったのです。

スマン君の話からも、「家事使用人」の仕事のたいへんさが伝わってきます。「毎朝5時半に起きてから夜11時に寝るまで、いいつけられた仕事はなんでもしました。借金を返し終わるまでは、家に帰ることはもちろん、外に出ることも許されません。まるで奴隷のようでした。夢も希望もなく、自分の人生がこの先どうなるのか、何をしたらいいのか、まったくわかりませんでした。外にどんな世界があるのか想像すらしたことがありませんでした。『とにかく自分は貧しい家に生まれたのだから働くしかない。働くために生まれてきて、働いて人生を終えていくんだ』、そう思っていました」

スマン君は、炊事、洗濯、掃除など、家の中のあらゆる仕事をさせられていました。「それまではほとんど家事などしたことがなかったので、うまくできないことがたくさんあり、とまどいました」「仕事の中でも一番きつかったのは洗濯です。幼いぼくにとって家族6人分の洗濯物はたいへんな量で、一つ一つを手洗いし、絞ることはとても骨の折れる仕事でした。家には主人の奥さんもいましたが、家事はすべてぼくの仕事です。手ぎわが悪かったり何か失敗したりすると、すぐに叱られたり、殴られたりしました。それでも黙って仕事をするしかありませんでした」とスマン君は話しています。

スマン君は、自分が何歳から何歳まで働いていたのかを知りません。自分の生年月日を正確に知らないからです。インドの農村では生まれた子どもの出生登録をしない家庭が多いため、その後、たくさんの困難がつきまといます。出生登録がされていないと、病気になっても医療サービスを受けられず、学校に通う年齢になっても学校に入学することができません。つまり、生まれているのに存在しないものとして、排除されてしまうのです。

スマン君のばあい、7歳か8歳ぐらいで働きはじめたのだろうとスマン君をサポートするNGOのスタッフは推測しています。

ふつうなら学校に通う年齢です。スマン君は「働いていた家には4人の子どもがいて、その子どもたちは学校に通っていたので、家にはペンや鉛筆、教科書が置いてありました。仕事の途中に、ときどきペンを手に取ったり本

開発途上国における出生登録（出典：ユニセフ世界子供白書 2006）

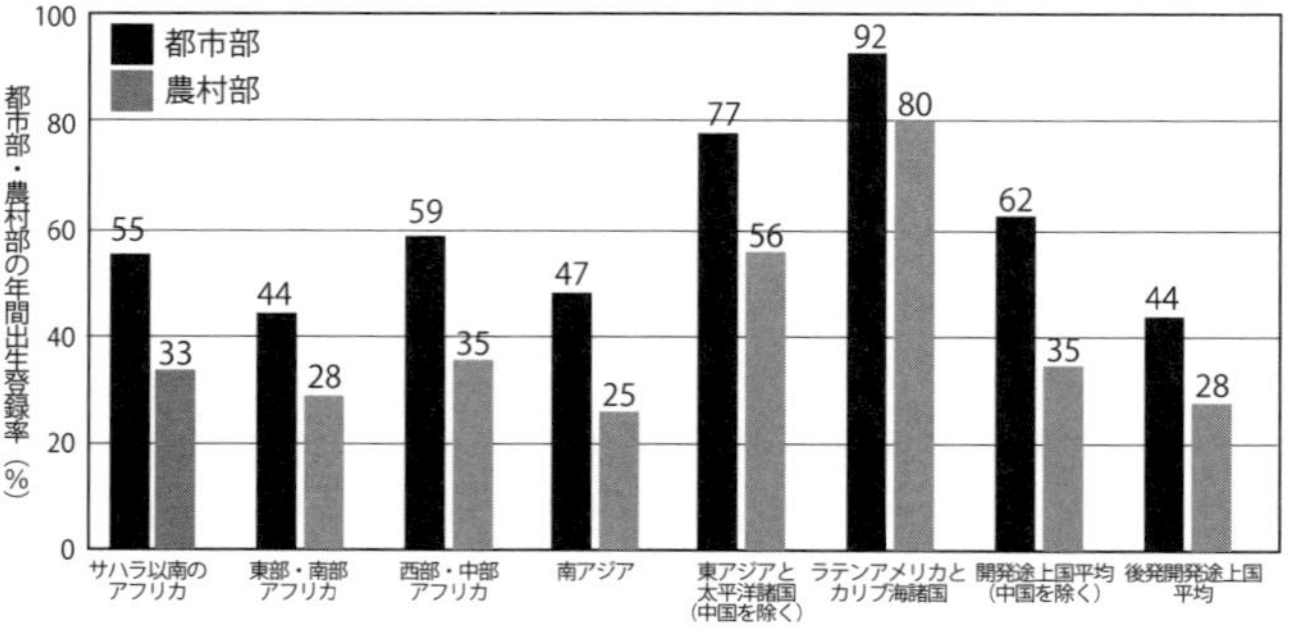

出生登録：調査の時点で出生登録されていた5歳未満児の割合。この指標の分子には、調査者によって出生証明書が確認された子どもや、母親や世話人の証言によって出生登録が確認されている子どもを含む。

地域平均：総数には各地域のすべての国が含まれているわけではない。しかし、調査対象人口の50％以上をカバーする十分なデータが入手できたため、ここで示した各地域の平均値を算出することができた。東アジアと太平洋諸国、および開発途上国の平均値には中国が含まれていない。

データ範囲：ここで示した期間のうちデータが利用可能な直近の年のデータ

出典：複数指標クラスター調査(MICS)、人口保険調査(DHS)およびその他の全国調査

を開いてみたりすることもありました。自分も文字を書いたり、本を読んだりすることができたらどんなにいいだろうと思いました」と話していました。

そして、こんなことも話してくれました。「昼ごはんの後、午後には家の人が昼寝をするので、その間にこっそり家をぬけ出して、物陰から子どもたちが遊んでいる様子や学校から帰る姿をながめることもありました。あるとき、近所の子どもたちのところに近寄っていって一緒に遊ぼうとしましたが、仲間に入れてもらえませんでした。自分は低いカースト*の出身で、児童労働者だったからです」

この話に出てきたカースト制度やカーストによる差別については、第３章でくわしく説明しましょう。

スマン君の話は続きます。「こっそりぬけ出しているところやペンや教科書を手に取っているところを奥さんにみつかると、『そんなことをしている暇はないだろう』といわれ、殴られました。ぼくは急いで仕事に戻り、泣きながら仕事に集中しました。ほんとうはぼくだって学校に通えるはずなのに……。友だちと遊びたいと願う一方で、そんなことは一生ありえない、許さ

カースト：ヒンドゥー教にまつわる身分や職業集団を表すもの、またはその制度。カーストには上下の関係があり、異なるカースト間の結婚や食事が許されないなどの差別的要素を持っている。いまではカーストによる差別は法律で禁止されているが、職業の区分など、慣習的に根強く残っている。

れるはずがないと、いつも心の中で自問自答していました。家がとても貧しくて、学校に通うお金などあるはずがなかったからです」

ときどきお母さんが訪ねてきてくれました。スマン君はいつも「もう耐えられない」とお母さんに訴えましたが、どうすることもできませんでした。

しばらくして、お母さんは奴隷状態にある子どもたちの救出活動をしているNGOの存在を知って、スマン君の状況を話しました。ようやくスマン君は助け出されて、ラジャスターン州にある子どものリハビリ施設「バル・アシュラム」で暮らすようになりました。この「バル・アシュラム」は、救出されてきた子どもたちが傷ついた心と身体をいやし、社会に復帰できるよう助けることを目的に運営されています。

「2001年1月20日のことです。その日をはっきりと覚えています。村に戻ってお母さんやおばあさんと再会したとき、『もう虐待を受けることも脅されることもないんだ。自分は自由なんだ』と思うと胸がいっぱいになり、涙があふれてきました」

スマン君は、自分が学校に通うことができるとは思ってもいませんでしたが、バル・アシュラムで生活しながら学校にも通えるようになりました。

来日したときのスマン君（2006 年 6 月）

「自分がこんな生活ができるようになるなんて夢にも思いませんでした。自由であること、夢を描くこと、成長できること、そういうチャンスが自分にはあるということが、いまはわかります。ほかの人たちにもそういうチャンスや権利があるということもわかるようになりました。外の世界で何が起こっていて、この先の自分の人生をどう生きたいかを考えることもできるようになりました」

スマン君の生活は、「家事使用人」として働かされていたときとはまったく変わりました。スマン君の夢はエンジニアになること、そして、よい人間になることです。子どもを搾取するようなおとながいたらそれをやめさせて、助けが必要な子どもたちを救ってあげられるようなおとなになりたいと、スマン君は明るく夢を語ってくれました。

スマン君はＮＧＯがアシュラム周辺の村でおこなっている、子どもの出生登録を呼びかけるキャンペーンの活動にも参加しています。つらい過去を乗り越え、子ども活動家として活躍しているスマン君は、子どもたちが持つ力と未来への希望をみせてくれます。

バル・アシュラム（２００６年９月）

第2章
2億1800万人もいる児童労働者

児童労働って何?

子どもが子どもらしく健康に育つことをさまたげるような働き方を児童労働（チャイルド・レーバー）と呼びます。児童とは、国連子どもの権利条約（116ページ参照）の定義で、18歳未満の子どものことです。児童労働とされる労働とは、子どもの心と身体の健康に害を与えたり、子どもたちが育つための教育の機会を奪ったりするあらゆる種類の労働を指します。ほとんどのばあい、このような児童労働は国際的なきまりや各国の法律で禁止されています。

きびしい労働によって、子どもはけがをしたり病気になったり心に傷を負ったりするだけでなく、学校に行き自分の得意なことをみつけたり、将来どんなおとなになりたいかを考えたりすることができなくなります。つまり、児童労働によって未来を奪われてしまうのです。

貧しい家計を助けるため、子どもたちが自分からすすんで働いていることもあります。働くこと以外に選択肢がないからです。そのため、将来自立していくために必要なことを学んだり友だちと遊んだりすることもなく、大き

児童労働の定義と数

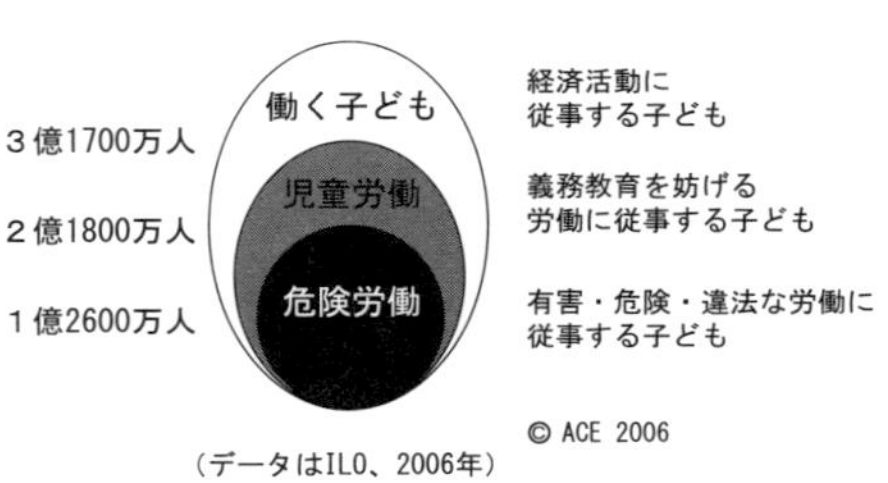

（データはILO、2006年）

くなっていきます。

児童労働に対して、子どもたちが家の手伝いをしたりアルバイトをしたりすることは「子どもの仕事」（チャイルド・ワーク）と呼んで区別しています。勉強や遊びのかたわら、休みの日や自由時間にアルバイトをしたり家の手伝いをしたりすることは、自分が将来どんな仕事に就きたいか考え、社会に役立つことを学ぶうえでとてもよい経験になります。

国際労働機関（ＩＬＯ）と児童労働

児童労働を含め、「働く」ということについて考えるとき、とても重要な国際機関に国際労働機関（ＩＬＯ）があります。

ＩＬＯは、１９１９年に国際連盟ができたときに誕生した、もっとも古い国際機関です。働く人の権利を守るために、労働にかかわる国際的な基準を決めたり基準を守るための監視をしたりするほか、それぞれの国に足りない労働に関する制度づくりや職業訓練など働く人の支援をおこなっています。

ＩＬＯの特徴は、政府の代表者だけでなく労働にかかわる使用者（経営者）

と労働者の代表を加えた三者がそれぞれの国の代表として会議に参加することです。これは三者構成と呼ばれています。

　ＩＬＯは児童労働問題の解決に向けていくつかの中心的な役割を果たしています。ひとつは児童労働を禁止するための基準となる条約を作ることです。労働や子どもに関する法律はそれぞれの国で異なります。しかし、ＩＬＯが児童労働に関する国際的な条約を作ることで、児童労働に関する法律を定めようとする国にとってのひとつの目安を作ることができます。

　１９７３年にできた「最低年齢条約」*は、働くことのできる最低年齢を原則として義務教育を終えた15歳と定めました。その後１９９９年にできた「最悪の形態の児童労働条約」*は、18歳未満の子どもに「最悪の形態」と考えられる労働をさせることを禁止し、さらにそのような「最悪の形態」の児童労働をなくすように即時に取り組むことを国に約束させる条約です。

　この条約でいう「最悪の形態の労働」とは、①強制的に奴隷のように子どもを働かせること（強制労働）、借金のかたに子どもを働かせること（債務《さいむ》労働）、人身売買、②兵士として働かせること、③売春をさせたりポルノに子どもを使ったりすること、④麻薬取引などの犯罪に子どもを使うこと、⑤

最低年齢条約：（第１３８号条約、１９７３年採択）（１２０ページ参照）。

最悪の形態の児童労働条約：（第１８２号条約、１９９９年採択）（１２１ページ参照）。

国が定めた危険有害労働、をさします。こうした労働は、子どもの心と身体に大きな害をもたらす極度に危険な仕事で、すぐにもやめさせなければならないとされているのです。

ＩＬＯのもうひとつの役割は、児童労働をなくしていくための取り組みを国レベルで支援していくことです。１９９２年から児童労働撤廃国際計画（ＩＬＯ－ＩＰＥＣ）と呼ばれるプログラムを開始し、現在87カ国の様々な分野の児童労働について、法律制定、調査、救出、リハビリテーションなど様々な活動を政府機関、地元のＮＧＯや労働組合等と協力して展開しています。

７人に１人の子どもが働いている

２００６年５月にＩＬＯが児童労働に関する新しい統計を発表しました＊。それによると、児童労働に就いている子どもは、世界中に推計２億１８００万人もいるといわれています。これは日本の人口の約２倍にあたり、世界中の５歳から17歳までの子どものうち７人に１人が働いている計算になります。「最悪の形態の児童労働」などとくに危険な労働に就いてい

＊２０１３年９月に、国際労働機関から新しい統計が発表されました。詳しくは、ＡＣＥホームページ「児童労働入門講座」をご参照ください。
http://www.acejapan.org

図　年齢別児童労働の範囲

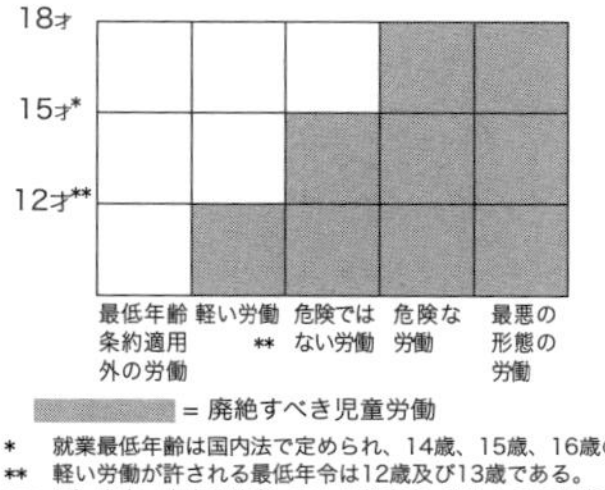

*　就業最低年齢は国内法で定められ、14歳、15歳、16歳の場合が
**　軽い労働が許される最低年令は12歳及び13歳である。
***　例）家事、家内の仕事、または教育の一部としての仕事など。

出典：ILO, Child Labour A textbook for university students

る子どもたちはそのうちの半数、約1億2600万人と推定されています。

子どもたちがしている仕事は、国や地域によってさまざまですが、2006年のILOの報告によると、児童労働者全体の70%は農業や漁業にかかわっています。コーヒーやチョコレートの原料のカカオ、ゴム、パーム油などの換金作物をつくる農作業にも、子どもたちがかり出されています。そのほか、レストランや飲食店、路上での物売り、家事使用人、物乞い、性産業などのサービス業が全体の約20%、レンガづくりなどの製造業や工業が約10%程度とみられています＊。

子どもたちは過酷な環境で働いているばかりでなく、雇い主から暴力や虐待を受けていることも多くあります。ミスをした、仕事が遅い、目標が達成できないという理由で、体罰を受けたり食事を与えられなかったりして、健康や成長が阻害され、心身に傷を負う子どもがたくさんいるのです。

こんどは世界の各地域で働いている子どもの数をみてみましょう。

一番多い地域はアジアです。とくに、インドやパキスタンなどの南アジア地域を中心に約1億2000万人の子どもたちが働いています。アジアでは5人に1人の子どもが働いていることになります。

参照：ILO駐日事務所の児童労働についてのページ
http://www.ilo.org/public/japanese/region/asro/tokyo/ipec/index.htm

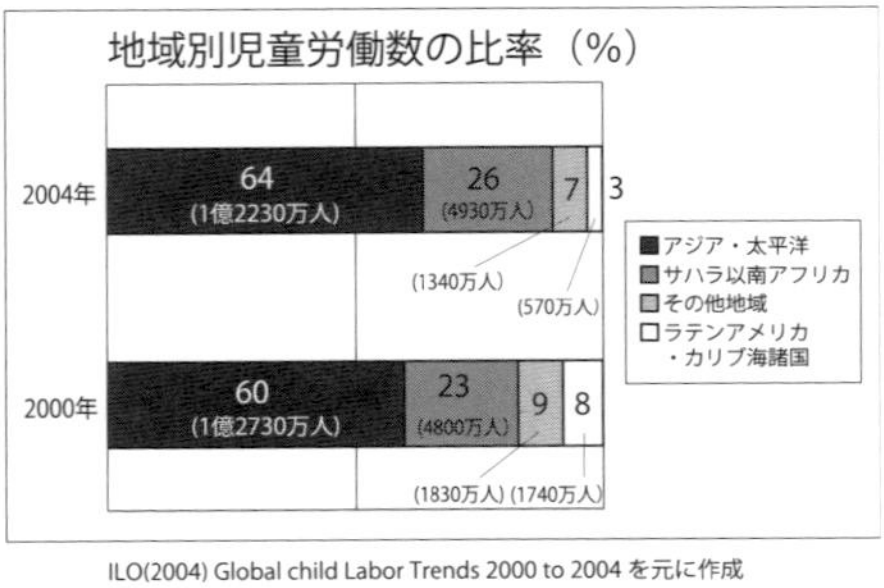

ILO(2004) Global child Labor Trends 2000 to 2004 を元に作成

産業別児童労働者数

産業分野	2000年	2004年
農林水産業（農業、漁業、林業、狩猟）	70%	69%
工業（鉱山、採石、製造、建設、電気・ガス・水道などの公共工事）	11%	9%
サービス業（卸、小売り、飲食業、運輸、倉庫、通信、金融など）	19%	22%

ILO(2006) The end of child Labor. With in reach を元に作成

二番目はアフリカです。サハラ以南のアフリカでは約５０００万人の子どもたちが働いています。働く子どもの数はアジアよりも少ないのですが、働いている子どもの割合が一番高いのです。５歳から14歳の子どもの約25％、４人に１人が働いています。

三番目は中南米です。２０００年の調査では１７００万人の子どもが働いていると報告されていますが、２００４年の調査では６００万人に減少しています。働く子どもの数が３分の１に減ったのです。その理由は、教育に対する国の予算が増え、子どもたちが学校に行きはじめたからです。とくにブラジルでは「すべての子どもを学校に」というプロジェクトの結果、約１０００万人の子どもたちを通学させることに成功しました。

四番目はアメリカなどの先進国です。先進国にも働く子どもが２５０万人くらいいるとみられています。アメリカでは、学校には入学するものの、仕事をしているうちに学校の勉強についていけなくなり、卒業せずに退学してしまう例が多くみられます。

児童労働に従事する５～14歳の子どもの比率（1999～2004年）

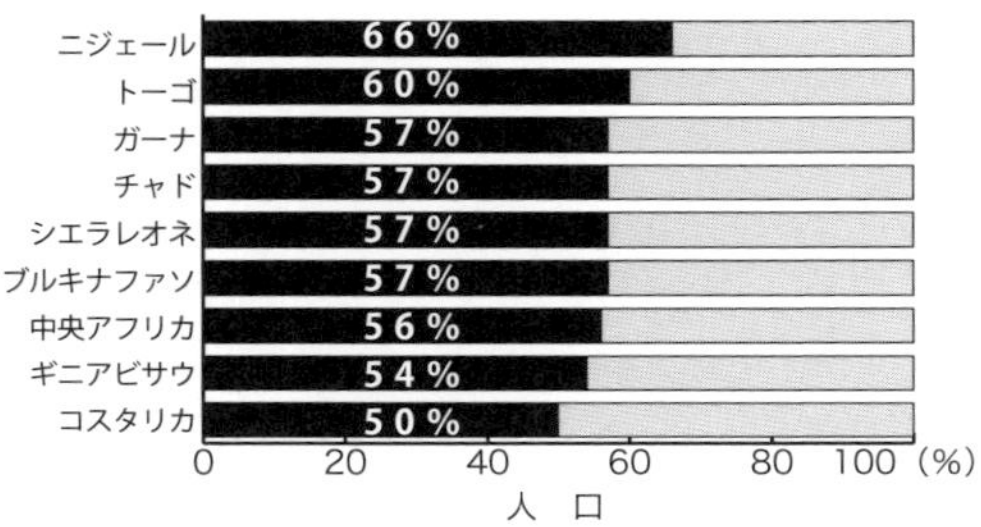

「ユニセフ世界子供白書 2006」

親の借金を引き継がされる子どもたち

子どもたちがおこなっている労働の種類をみていきましょう。

債務労働という形の労働があります。聞きなれない言葉だと思いますが、借金をお金で返せないときに代わりに働いて返すことをいいます。家族が病気になって薬代がかかるなど急にお金が必要になったときに、貯えがなければ、お金を借りるしかありません。お金を安い金利（利子）で貸してくれるところが近くになければ、高利貸し（高い金利でお金を貸す金融業者）からお金を借りることになります。その借金は金利が非常に高いため、利子を返すのがやっとで、元金《がんきん》（直接借りた金額）を返すのは大変むずかしいのです。ばあいによっては、元金は一度に全額返さなければならないなどのルールが決められていて、お金を借りた人がなかなか返せないような仕組みになっていることもあります。こうした仕組みの中で、いつまでも返し終わることのない借金のために子どもが代わりに働くことになり、まるで借金のために人質にとられたような状態になります。

この債務労働は法律では禁止されているのですが、インドやバングラディシュなど南アジア地域では、古いカースト制度に由来して、慣習的にいまでも根強く残っています。ＩＬＯの調査によると、債務労働をしている人たちのほとんどが、低いカーストでした。借金はカーストとともに親から子へ引き継がれていきます。ほんらいなんの責任もない子どもが、まったく自由のない状況で親の借金を返すために、お金を貸した人の命令で働かなくてはならないのです。借金漬けにして奴隷として働かせているというのが実情でしょう。

人身売買される子どもたち

世界移住機関（ＩＯＭ）は、世界の人身売買の被害者は70万人から200万人いると推計しています。子どもたちがお金で売られ、買われる人身売買は、「最悪の形態の児童労働」の一つとして数えられています。東南アジアでもメコン河流域のラオスやミャンマー、カンボジア、タイなどを中心に子どもたちの人身売買がさかんにおこなわれています。

カンボジアの少女ハンちゃんは、友だちに誘われて田舎から首都プノンペンに遊びに来たときに、売春宿に売られてしまいました。ハンちゃんを売ったのは、一緒にきた年上の友だちでした。人身売買には、組織的に子どもをあっせんするブローカーが関与していると思われがちですが、親や親戚、兄弟、近所の人など、ごく身近な人が関係しているばあいも多いのです。そのような環境では、子どもが保護され家に戻ったとしてもまた売り飛ばされてしまうことがあるので、家に帰してもだいじょうぶかどうかを十分に確認することが必要です。

アフリカでも人身売買は大きな問題として注目されるようになりました。中でもとくに西アフリカでの人身売買が多いといわれています。その背景には、つぎの3つがあると考えられています。

1つ目は、親が養いきれない子どもを親類に預ける慣習があること。

2つ目は、農村と都市との貧富の格差が拡大してきていること。

3つ目は、紛争など政治的に不安定な状況が続いていること。

西アフリカでは、伝統的に、子どものときから仕事をさせておとなになる準備をさせる慣習がありました。学校が休みの期間、よその家に預けて仕事をさせたりしていましたが、この伝統的な子どもの社会参加の仕組みが、最近になって子どもを労働力として売買する人身売買へと変形してきました。

逆に、親戚同士や知り合い同士で子どもを受け入れる習慣や文化が崩れてきてしまったために、貧しい農村地域から都市部へ、また、国を越えて西アフリカ地域からガボン、ナイジェリアやコートジボアールなどへ子どもたちが売られていくケースも増えてきました。アフリカの国ぐにの間でも貧富の格差が拡大したこともひとつの理由と考えられています。

西アフリカのガーナでおこなわれた調査では、人身売買された子どもたちの3分の2は漁業で働いていることがわかっています。男の子たちは、魚をとるために船に乗ったり海にもぐったりし、女の子の多くは魚介類を加工する仕事をしていました。働く子どもたちの賃金は総じて低く、中にはまったく払われていないばあいもありました。

労働条件はきわめて劣悪ですが、貧しい地域では、子どもを通学させたり、食事を与えたりすることができない家庭がたくさんありますから、働き手となる子どもをみつけるのはたやすいことなのです。

私たちが働くばあい、通常どのような内容、条件で働くか契約が交わされますが、違法である児童労働ではそんなことはありません。子どもたちは、賃金が低くても苦情をいうことはできず、病気になっても治療の保障などはありません。休み時間も休日も約束されていません。

ごみの山で宝を探す子どもたち

ベトナムのホーチミン市内にあるごみの中間集積場では、おおぜいのおとなや子どもがごみの山に群がっていました。ごみ回収車が集積場にごみを運んでくるたびに、〝お金になるごみ〟を拾うためにみんな必死でした。ショベルカーがごみをひっくり返すわずかの機会に掘り出しものを手に入れようと、ショベルカーのツメぎりぎりのところまで近づいていくのです。

子どもたちはたいてい長靴をはいていましたが、中にはサンダル履きの子どももいました。ごみの中には金属やガラスの破片も混じっていますから、底の薄い履物ではけがをする危険もあります。ごみ集積場には生ごみが腐ったすっぱいにおいが立ち込め、調査をしていた私たちはむせ返ってしまいました。

集積所の責任者のグエンさんは、ごみを集める人たちは、追い出してもすぐまた戻ってきてしまうのだと言います。年に何回かは、子どもの死亡事故があると言っていましたが、とくになんの対策もとっていないようで、「いつものことさ、仕方ないよ」という口ぶりでした。

お金になるごみを手に入れて食べ物に換えることが必要な子どもたちにとって、危険は日常の一部なのです。ごみを拾わなければどちらにしても、生きられないのです。

開発途上国*では、少しのお金さえあればすぐに自分1人でもはじめられる屋台での食べ物売りや小物売り、人力車やタクシーの運転手、農場での季節労働、ごみ収集といった仕事をしている人たちがたくさんいます。こうした仕事の中には、子どもでもすぐに始められるものがたくさんあります。子どもが個人で働いているばあい、その実態や人数を把握することは容易ではありません。とくに売春や犯罪行為に関わっていたり人身売買の被害にあっているばあいには、実態の把握は非常に困難です。そのため、支援をすることもむずかしいのです。

開発途上国：経済発展・開発の水準が先進国に比べて低く、経済成長の途上にある国をさす。アジア・アフリカ・ラテンアメリカ・東ヨーロッパの国に多い。

フィリピンのマニラにあるごみ集積所で働く子ども（写真提供：フリー・ザ・チルドレン・ジャパン）

戦場に立つ子どもたち

現在、世界中の、約36の地域で武力紛争*が起こっているといわれています。そして、30万人にのぼる18歳未満の子どもたちが「子ども兵」*として従軍していると推定されています。紛争地域ではとくに子どもたちは弱い立場に置かれます。

政府軍、反政府軍を問わず、子どもたちが軍隊に拉致《らち》されることがあります。子どもたちは最前線で弾除《たまよ》けに使われたり、地雷を踏んで爆発させるために、部隊の先頭を歩かされたりすることがあります。また、小型武器*を持たせて自分の家族が住む村の焼き討ちに参加させて家族や村との絆《きずな》を断ち切らせることもします。

残酷な行為を体験させることは、子どもたちを殺人マシンにするための訓練の1つとして考えられています。

戦闘のないときは炊事、物を運ぶ役、伝達役などとして働かされます。また、女の子が性的な目的や強制結婚のために誘拐されることもあります。きびしい軍事訓練や戦闘でけがをしたり、戦死することもあります。

武力紛争：アジア、アフリカ、中東、中南米など36の紛争地域で武力紛争がおきており、約70ヵ国に子ども兵が存在するといわれている。紛争地域の数は、紛争の終結や勃発によって変わる。また、そこに従事している子ども兵の正確な数も把握することは難しい。

子ども兵：戦争の中で戦闘やその補助要員として使われる18歳未満の子どもたちのこと。武器を持って闘うほか、料理や荷物運び、基地づくり、見張りなどもさせられる。少女兵は、ほかの兵士の妻にさせられることも多い。『ぼくは13歳　職業、兵士。』（合同出版）を参照。

小型武器：カラシニコフなどの機関銃は、子どもでも扱え、1分間に600発から900発が撃てる。また、価格が非常に安いため世界中に流通している。小型武器のまん延が子ども兵を生み出している原因の1つといわれる。

子ども兵は、とりわけアフリカ、アジア、中南米、中東で深刻な問題になっています。ミャンマーのカレン族出身のバンヤさんは、13歳から17歳まで、子ども兵として戦場へ出ていました。ミャンマーはイギリスの植民地でしたが、1948年に独立しました。ミャンマーの少数民族であるカレン族は、ミャンマーからの独立を強く望んでいたため、ミャンマー政府との対立が続きました。1949年に、ミャンマー連邦政府はカレン族の住む地域を攻撃し、カレン族の指導者たちをつぎつぎに逮捕、拘束しました。その後1962年には少数民族の独立運動が国内の内戦へと発展しました。バンヤさんはカレン族に生まれ、幼い頃から戦火の中を逃げ延びてきました。政府軍が自分の村を襲い、家を壊し、友だちを殺すのをみながら大きくなりました。13歳になったとき「何もしなくていいのか」と自問した末、自分からカレン族の反政府軍に入りました。カレン族には13歳から大人として扱われる文化があるのです。

長男だったバンヤさんには、長男が家族を守るという伝統的な考えが受け継がれていました。自らの命の危険も省みず、家族・親族、故郷の人びとを守りたい一心だったといいます。

現在タイに住むカレン族のバンヤさん（写真提供：東真利子）

14歳のとき、はじめて銃を持って最前線に立たされました。そのとき恐怖感で震え上がりましたが、４回目になると戦闘を楽しむようにさえなったといいます。友だちが戦場で死んでも、マラリアや地雷で身近な人が死んでいくのを小さなときから何度もみていたので、特別な感情はわきませんでした。「銃を持っていると強くなった気がした。相手が銃を持って自分を狙っているときでも、相手には自分は殺せない、自分は相手を殺せる、と思っていた。自分自身が死ぬかもしれないとは考えなかった」とバンヤさんは子ども兵時代の異常な体験を語っています。

その後、バンヤさんはタイに住んで、ヒューマンライツエデュケーションというＮＧＯで難民支援や子ども兵士の問題に取り組んでいます。ミャンマー国内の軍関係者に呼びかける活動を続け、子ども兵士を使用しない、という声明をカレン族の軍に出させることに成功しました。

さまざまなところで起きている児童労働

子どもたちを取り巻くさまざまな状況が子どもたちの働き方にも影響し

ています。子どもたちが児童労働をしなければならなくなる理由はさまざまです。これまでみてきたような児童労働のほかにも、子どもたちが働いている仕事や場所、背景はいろいろあります。簡単にいくつか紹介しておきましょう。

●農村での児童労働――農村地域が貧しいために、子どもたちは農業や漁業、日雇いや地元の産業などで働いて両親を助けています。農村から都市に出稼ぎに出ていく人も多いのですが、都市によい暮らしが待っているとはかぎりません。人身売買の被害にあうこともあります。

●都市での児童労働――町の中で子どもたちが働く場所は危険や犯罪などと隣り合わせです。物売りや物乞い、ごみ拾い、荷物運び、飲食店での給仕や掃除など子どもたちはさまざまな仕事をしています。

●エイズの影響――世界でエイズウイルスに感染している人は国連エイズ合同計画（UNAIDS）の調べでは２００６年には３９５０万人いるといわれています。南アフリカはとくにＨＩＶ感染者数(もしくは陽性者数)が多く、人口４７００万人のうち５５０万人がウイルスに感染しています。そのためエイズで両親をなくした子どもたちの数も多く、２００５年には０歳から17

日本にもあった児童労働
　明治以降、昭和30年代くらいまでは子どもは家庭の大切な労働力とみなされていました。日本では基礎教育の全国的な普及が明治時代から進められ、１８７０年に男子40％、女子15％だった小学校への就学率が、１９２０年代には男女ともほぼ１００％になっています。しかし、多くの子どもたちが働いていました。女の子は子守りなどの家事労働や、明治時代さかんだった絹の製糸業で8歳から12、13歳の子どもが1日1円から1円20銭で雇われていたとされています。大阪では、12、13歳くらいの少女の間で学校用のチョークづくりの内職がさかんでした。また、マッチ工場や芸人などとしても働いていました。もちろん農作業では重要な労働力でした。
（参考：下川耿史編『近代子ども史年表明治・大正編』河出書房新社、２００２年）

歳の120万人がエイズ遺児と呼ばれる、エイズで親を亡くした子どもたちでした。親戚の家に預けられたり、子どもたちだけで暮らしている子どももたくさんいるため、生きるために学業を中断し、仕事をしなければいけない子どもも少なくありません。

●児童労働による作物や製品――農産物をつくることに子どもたちが使われるだけでなく、加工したり下請けでものをつくったりする場合に子どもが使われていることもあります。安いものを製造、販売するためだけに子どもを利用し、おとなの労働者にも暮らしていけるだけの賃金を支払わない企業の活動は健全なものではありません。

第3章
どうして子どもが働かなければならないの？

圧倒的な貧しさ

児童労働の最大の原因は、貧困です。毎日家族がごはんを食べて生活するのに必要なお金を親がかせぐことができない家庭では、生きていくために子どもが働かざるをえません。親の仕事が季節に左右されるため収入が安定しなかったり、親が病気で働けなかったり、失業していたりといった理由で、家族が子どもの収入をあてにして生活していることがあるのです。

大学生のグループが１９９７年にカルカッタのスラムでおこなった調査では、１ヵ月あたりの家庭の収入は９５０〜１２５０ルピー（約２８５０円〜３７５０円）でした。多くの家庭でその半分を子どもの収入が占めており、中には60〜70％を子どもの収入にたよっている家庭もありました。子どもに大きな負担がかかっていることがわかります。

自分の家が農家で作物をつくっていれば、それを食べたり売ったりすることもできます。しかし、かんがい設備がなく、雨水に頼った農業では雨が降らないと作物が育たず、収穫がのぞめなくなってしまうこともあるので、土地を持っているからといって安定した生活が送れるとはかぎりません。土地を持っていない農民はさらに生活が不安定です。大規模農園に家族全員で農業労働者として住み込んで、コーヒー豆の収穫やゴムの樹液の採取といった仕事をするケースがよくあります。このような仕事は、出来高払いで低賃金なのが特徴です。農園での仕事は季節や天候に左右される不安定なものなので、かせげるときに家族総出で働くことが当たり前になっているのです。

子どもが働かなくてもすむようになるためには、おとなの収入だけで家族の生活を支えることが必要です。下の表をみてください。*貧困の度合いを知るものさしの一つとして、１日１ドル未満で生活している人びとの人口比率がありますが、児童労働をしている子どもの割合を地域別にくらべてみると、貧しい人の割合が高いほど、児童労働をしている子どもの割合が高いことがわかります。

１日１ドル未満で生活している人びとの人口比率と児童労働に従事する５-14歳の子どもの割合（1999―2004）女子／男子

地　域	1日1ドル未満で生活している人びとの人口比率	児童労働に従事する子どもの割合（1999-2004）	
		女子	男子
西部・中部アフリカ	55%	41%	41%
東部・南部アフリカ	38%	29%	34%
南アジア	33%	15%	14%
東アジアと太平洋諸国（中国除く）	14%	10%	11%
ラテンアメリカとカリブ海諸国	10%	8%	11%
中東と北アフリカ	3%	7%	9%

（ユニセフ世界子供白書2006、p.32、p.50を元に作成）

Beer
POWER TEAM 4
EMIL ROSAL
BRGY. CAPTAIN
JONKIE OUANO MAYOR
JONKIE OUANO MAYOR

「貧困」とはお金がないことだけではない

きれいな水が確保できなかったり、保健医療や教育などの社会サービスを受けることができなかったりするために、生活がますます貧しい状況に陥ってしまうばあいもあります。

日本では水道からきれいな水が出てくるのは当たり前のことです。しかし、社会基盤が整っていない地域では、水道がありません。そのため、何キロもはなれた水くみ場まで歩いていき、水の入った重いおけをかついで家までまた何キロも歩かなければならないばあいもあるのです。水くみは通常子どもや女性の仕事であり、それに時間がとられてしまうため、子どもが学校に行く時間や、お母さんがほかの仕事をする時間がなくなってしまいます。

また、水くみがたいへんなため、身近にある不衛生な水を使ってしまうことで病気になることもあります。不衛生な水を通して感染する病気も多く、そのせいで赤ちゃんが死んでしまうことも少なくありません。

病気になったら病院に行くのは日本では当たり前です。社会保険制度があるため、日本に住んでいれば、基本的な医療は比較的安い費用で受けること

水がたまったままの道路（インド）

フィリピンのスラム

ができます。しかし、多くの開発途上国ではそのような社会保険制度が整っていないため、病院にかかるのに非常に高額な医療費がかかってしまうことがあります。また、病院が近くにないばあい、何日も歩かなければならなかったり交通費がかかりすぎたりしてしまうため、なかなか行くことができません。そのため、すぐに治療すれば治る病気であっても、そのせいで命を落としたり後遺症が残ったりすることがあります。

子どもが働く理由の一つに、学校が近くにないという問題があります。歩いて何時間もかかる学校に通うことは、子どもにとっては体力的に負担です。また、とくに女の子のばあい、誘拐されたりするのではないかと親が心配して、遠くの学校には通わせたがらないこともあります。

日本では「生活保護」という仕組みがあり、生きていくのに必要な収入が得られず、助けが必要と認められたばあいには、国がお金を出して支援する制度があります。これも社会保障制度の一つですが、この制度が利用できるかどうかも貧しい家庭にとっては重要です。字が読めない人や、そのような情報にアクセスできない人は、このような制度があっても、存在を知ることができなかったり、存在を知ってもどうやって申請すればいいのかわからなかったりします。

社会基盤が整っていないのは、国や地域が貧しいことや、紛争などで政治が不安定で政府が機能していないことなどが原因です。このような国や地域の「貧困」の状況は、一つの家庭で解決できる問題ではありません。児童労働がある地域には、このような社会的な貧困が隠されていることも多くあるのです。

法律はあっても守られるとはかぎらない

ほとんどの国では、児童労働が法律で禁止または規制されています。それにもかかわらず児童労働があるのは、その法律が知られていない、法律を守るための体制が整っていないといったことが原因です。法律にもとづいたチェックがおこなわれない、またはチェックの結果違反がみつかってもなんの処罰もないというのが当たり前のようになっています。労働監査官が雇い主から賄賂《わいろ》をもらっていることなどは、世界中どこでも日常茶飯事です。

インドは、児童労働に関する２つのＩＬＯの条約（１３８号、１８２号）

を批准《ひじゅん》していませんが、国内では「児童労働禁止法」（１９８６年）が制定されています。この法律では、港湾や鉄道での業務、花火の販売、石けんの製造などの職業を指定し、特定の作業に15歳未満の子どもを雇用することを禁止しています。しかし実際には、法律で禁止されている作業にたくさんの子どもたちが就いており、違反した雇い主が処罰されることはごくまれです。

法律も完全とはいえません。もっとも多くおこなわれている農業での児童労働が禁止されていないうえ、禁止された特定の作業であっても、人数が少ない小規模の作業場で働いているばあいや家族の補助としておこなう作業のばあいには法律が適用されないなどの例外があります。

２００６年10月、「児童労働禁止法」が20年ぶりに改正されました。ホテルやレストラン、喫茶店、屋台、家事使用人、レジャー施設などでの児童労働も禁止されることになりました。この法律改正によって、インド国内では児童労働に対する関心が高まり、新聞などでも児童労働問題が取り上げられる回数が増えたといわれています。カルカッタの地方紙「テレグラフ・インディア」（２００６年11月５日）に、子どもを雇用していた食堂のオーナー

批准：署名をした条約の内容について国が最終確認をおこない、同意をすること。条約を批准した国は、国内の法律を整備し、条約の内容を守るようにしなければならない。

を労働省が摘発し、２万ルピーの罰金（約３万円＝公務員の平均月給が１万～２万ルピー）を課したことが報じられました。食堂で働いていた４人の子どもは解放され、ＮＧＯによるカウンセリングを受けた後に、家族の元に帰されることになりました。

またインド政府は、法律の改正とあわせて、21州、２５０地域で「児童労働対策プロジェクト」を実施する計画を立て、取り組みを強化するようになりました。

児童労働をなくしていくためには、法律をつくるだけでなく、その法律が守られているかどうかをチェックし、違反があったばあいには処罰を受けるべき人が適切に処罰されるように法律をきちんと運用することが必要です。

子どもの身体を買うおとなたち

子どもを性的な対象にするおとながいます。こうしたおとなのほとんどは男性で、子どもたちを買って性的虐待を加えたり、それをビデオや写真などに撮ったりします。児童買春をした人は、ＩＬＯによると２０００年には世界中で１８０万人以上いました。しかし、実際の数字はわかりません。児童買春は犯罪であるため、その多くが闇《やみ》の行為としておこなわれているからです。

日本も児童買春に無関係ではありません。児童買春を目的に、たくさんの日本人が東南アジアに出かけていますし、子どもに性的犯罪をおこなった日本人男性が逮捕されています。

現在、世界の旅行業者を中心に、「コードプロジェクト」*という取り組みが進められています。正式名称は、「子ども買春防止のための旅行・観光業界行動倫理規範（Code of Conduct）」で、観光地における子ども買春の根絶を目的としたものです。ユニセフ（国連児童基金）、世界観光機関（ＵＮＷＴＯ）、国際ＮＧＯのエクパット（ＥＣＰＡＴ）などが推進する世界的なプロジェクトです。児童買春を根絶するための取り組みは少しずつ広がってきていますが、被害が減っているとはいいがたい状況です。

途上国に不利な国際貿易の仕組み

児童労働が一番多く見られるのは、農業です。多くの途上国では農業が主

*コードプロジェクト：観光地や旅行先での子ども買春をなくしていくことを目的としたプロジェクト。旅行や観光業にかかわる企業や団体が、子ども買春が犯罪であることを呼びかける啓発活動や社員教育などに取り組んでいる。２００７年７月現在、日本では92の企業と団体が参加している。
コードプロジェクトのウェブサイト
http://www.unicef.or.jp/code-p/index.htm

要な産業になっていますが、先進国が自国で余った農産物を途上国に安値で投売りしているなどさまざまな理由で、途上国の農業が立ちゆかなくなっています。

主要産業の農業が成り立たないのですから、途上国では必要不可欠な食糧や安全な飲み水、医療や福祉、教育など基本的なサービスを国民に提供できていません。ほんらい国から受けられるべきサービスが受けられないために、子どもたちがそのしわ寄せを受けています。それだけでなく、子どもが働いて国の経済を支えているのです。子どもたちは、低賃金で雇うことができ、いつでも切り捨てることができる使い勝手のいい労働力として世界経済の中に組み込まれているのです。

途上国の農業では、先進国向けの換金作物*が栽培されることがあります。たとえば、コーヒーやバナナなどが大規模なプランテーションで栽培されますが、輸出用につくられるため、けっして途上国の人たちの口には入りません。そればかりか、輸出価格は国際市場の需要と供給によって決められるため、つねに不安定であり長期的にみて安く抑えられています。現在の貿易の仕組みでは途上国の経済はいっこうにゆたかにならず、農民の労働条件や賃

換金作物：現金収入を得ることを目的に栽培、生産する作物。

フィリピンのバナナプランテーション
（写真提供：フリー・ザ・チルドレン・ジャパン）

金も低いままです。

単純労働者として農園で働き、農産物をつくったとしても、賃金は不安定で生活の保障はありません。世界を一つの市場と考えるグローバリゼーション*によって、世界中で価格競争が激化しています。より安いものをつくるために、安い労働力である子どもたちが大量に使われているのです。低い賃金で働く子どもたちを使って農水産物をつくることで、生産物の原価が低く抑えられているのだとしたら、そうした生産物を食べる人たちは子どもたちの命と人生を食べているのだ、ともいえます。

国の経済が一つの産業に大きく依存していることをモノカルチャー*といいますが、農産物だけではなく、自然資源でも国の輸出が一つのものに偏っているばあいには経済の不安定さが増します。たとえば、ウガンダではコーヒーの輸出が国の輸出の56%を占め、モーリタニアでは鉄鉱石が52%になっています。このような一つの産物に依存する輸出構造では、経済全体が国際的な価格の変動の影響を受けやすく、国の経済は不安定で、産業の広がりも生まれません。

グローバリゼーション：通信や交通が便利になり、戦後の冷戦から東西に分かれていた世界の政治状況が変わったことから、文化の交流や海外との貿易が世界的におこなわれるようになったこと。それにより、安い原材料を求めて自然環境の破壊が進んだり、貧富の格差が拡大したりしている。

モノカルチャー：『世界から貧しさをなくす30の方法』（合同出版）を参照。

教育を受けられない子どもたち

ユニセフの『世界子供白書２００６』によると、世界には学校に行けない子どもが約１億１５００万人いるといわれています。とくに就学率が低いのは、南アジア地域とサハラ以南のアフリカです。教育を受けなければ、文字を読んだり書いたり計算をしたりすることができません。現代の世界では、少なくとも読み書きや計算の力は、日常生活を送るために不可欠です。

アフリカのセネガルでバーさんという25歳くらいの青年に会ったことがあります。バーさんに私たちの名前と連絡先を書いたカードを渡しましたが、渡した後、バーさんは文字が読めないことに気がつきました。学校に行ったことがないから読み書きができないといっていました。

両親がいなかったため、バーさんは子どものころからあちこちで働いて、なんとか生き延びてきたのです。バーさんが子どもの頃のセネガルでは、子どもが学校に行かないことはそう珍しいことではありませんでした。バーさんは観光客相手のダンサーをしていますが、あまり仕事がなく、長くできる仕事ではないので、服のデザイナーになりたいという希望を持っています。

学校に通えない子どもたちのための補習学校。一つの部屋で、２つの学年が前と後ろを向いて勉強している（インド）

でも読み書きや計算ができなければ、そんな希望はとてもかないません。

ほかにも子どもたちが学校に行けない理由はさまざまです。

たとえば、家が貧しく学校に通うための費用が払えないというばあいがあれば、学校で学ぶことが大切だという意識が親にないというばあいもあります。学校に行くよりも働くほうがお金になる、将来的にもそのほうがためになるという理由で、子どもを学校に行かせることを選ばない親もいます。

また、地域に学校がなかったり学校が遠すぎたりして、子どもたちが教育を受けられる環境がないことも多くあります。思春期の女の子が家の外に出ることは危険であると考えるので、とくに学校が遠いばあいなどは、親が学校に行かせたがらないことも地域によってはよくあります。

先生が学校に来ない、まじめに授業をしない、体罰や暴力をふるうなどの理由で子どもが学校に行きたがらないこともよくあります。兄弟が多い家族であれば、弟や妹を学校に行かせるために働く子どももいます。

少数民族が多い国では、自分の使っている言語と違う言語を学校で使うために授業が受けられない子どもたちもいます。

児童労働をなくしていくことと、子どもたちが教育を受けられるようにす

家事使用人の仕事をしている子どもたちが学ぶ補習学校（フィリピン）

ることとは密接につながっています。学校に行くことは、読み書きや計算を学び、生きていくために必要な知識や社会のルールを身につけるためにとても重要なことです。

そのためには、子どもたちが通いやすい場所に学校をつくる、学費を無料にする、給食を出す、子どもたちが必要とする知識を教える、子どもたちの話せる言語で授業をする、先生の質を高めるトレーニングをおこなうなど、たくさんの対策が必要です。

社会や人びとの中にある差別

教育を受けられない子どもの約４分の３は女の子といわれています。世界の多くの地域で、女の子には教育は必要ないと考えられているからです。とくに、南アジアの国ぐにでは女の子の早婚*の風習が根強く残っています。『ユニセフ世界子供白書２００６』によると、15歳〜24歳の女性の48％が18歳未満で結婚していました。

女の子は結婚と同時に、家事、出産、子育てなど、その社会で結婚した女

早婚：18歳未満の子どもが婚姻関係あるいはそれと同等と認識される慣習上・法律上の関係になること。早すぎる結婚は、早すぎる妊娠・出産につながる可能性があり、場合によっては、母子ともに生命の危険な状態に陥ることもある。（ユニセフ世界子供白書２００６）

性に期待されているすべての役割を果たすことを求められます。教育からも遠ざかってしまいますし、まだ幼い子どもにとっては大きな負担です。

タリバン政権時代に女の子が学校に通うことが全面的に禁止されたアフガニスタンのように国として女子の教育を認めない国さえありました。

女性に対する差別以外にも、貧しい家の子ども、特定の民族や部族の子どもに対する差別もあります。インドでは、頭を使う仕事は高い階級（カースト）の仕事であり、低い階級（カースト）の人は肉体労働や動物の死体を扱うような仕事をするのだから教育など必要ないという考えも残っています。

高いカーストの人と低いカーストの人が話をしたり一緒に食事をしたりすることさえできないこともあります。第1章（24ページ）でインドのスマン君の話を紹介しましたが、主人の子どもの学用品にスマン君が触れたときに叱られたのは、そのような差別的な意味があったのです。

カーストによる差別はすでに法律で禁止されていますが、低いカーストの間では、職業が親から子どもに引き継がれる職業カーストの要素が残っています。

差別は簡単になくせることではありませんが、女の子でも貧しい家の子どもでもすべての子どもが教育を受ける必要があることを、社会全体、とくに子どもの親や地域のおとなたちが理解することがまず必要です。

児童労働は私たちと直接的な関係がある

児童労働は私たちとは無関係な遠い途上国だけの問題ではありません。食料自給率が40％の日本は、多くの農林水産物や加工品を世界中から輸入しています。途上国の農業や漁業が児童労働によって支えられていることはすでに紹介したとおりです。国際市場からの輸入品に頼って生活している私たちは、知らず知らずのうちに子どもたちが働いてつくったものを買っている可能性があります。品物を選ぶこと、買うことで児童労働がおこなわれる仕組みに加担しているといってもよいでしょう。このように考えると、私たちにも重大な責任があります。

第4章
児童労働に取り組まなければならない
4つの理由

「貧しいのだから仕方がない」ではすまされない

児童労働の問題に取り組まなければならないという考えが国際的に広まっている一方で、「家が貧しいのだから家族が生きていくためには子どもが働くのは仕方がない」という意見もあります。家計を支えるために働いている子どもに、働くことをすぐにやめるよう求めることがむずかしいのも事実です。収入や労働力の代わりとなるものがなければ、家族が暮らしていくことができないからです。そのため、家計の収入が増えるよう、マイクロクレジット*などのプログラムをおこなったり学費を無料にしたりすることはもちろん重要です。

しかし、「貧しいのだから仕方がない」という理由で、子どもたちを働かせたままにしておいてもいいのでしょうか。

日本政府がおこなう青年海外協力隊員として、ニカラグアで働く子どもたちをサポートしているソーシャルワーカーの坂口さんは、子どもは信頼できると思ったおとなには、周りのおとなに聞こえないように「ほんとうは仕事をしたくないんだ」とか、「学校に行きたい」とふし目がちに、こっそり教

マイクロクレジット：貧しい人々の経済的自立を支援するために、少額の資金を無担保で融資するシステム。融資を受けた貧しい女性たちが小規模なビジネスをはじめるなど、新たな収入の機会を得、貧困から抜け出すことができる有効な手段として注目を集めている。２００６年にはバングラデシュのグラミン銀行がノーベル平和賞を受賞した。

トマトの収穫をするニカラグアの女の子

えてくれるといいます。そうしたとき、「やはり働いている子どもたちの姿はほんらいの姿ではない。学校に通っていれば、仕事をしていても児童労働とはみなされないというのも疑問に感じる」と坂口さんはいいます。

ある男の子の1日を紹介しましょう。

朝は4時に起床。薪《まき》集め、洗濯、料理、妹の世話など家の仕事をしてから、街にトルティーヤ（薄焼きのパン）を売りに行き、売り切った後、学校へ行きます。学校から帰った後は、次の日に売るトルティーヤの準備をします。仕事と学校をなんとか両立しているようにみえても、たいへんな仕事量です。

子どもたちは自分の仕事に責任を持って、家族と自分が生きるためにがんばって働いています。働いている子ども自身が明るさをみせてくれると、働かされていてもその子にとってはそれほど悪いことではないかもしれないとも思えてきます。児童労働を社会全体が当たり前と考えれば、児童労働をそれほど悲観的に考えることがないかもしれません。しかし、子どもたちには、子どもらしく、遊んだり勉強したりする時間を持ち、健《すこ》やかに育ってほしいというのは、社会の願いです。ここでは私たちが、児童労働をなくしていくために取り組まなければならない4つの理由をとりあげ、児童労働の結果、子ども自身と社会とがどのような悪影響を受けるのかをみていきます。

理由1　子どもが心と身体に受けるダメージが大きい

途上国で子どもたちが従事している仕事のほとんどは、肉体労働や同じ動作を際限なくくり返す単純作業です。

たとえば農園での作業のばあい、暑さや寒さがきびしい中での長時間の作業は身体に大きな負担がかかります。さらに、殺虫剤や農薬など毒性の強い化学薬品につねにさらされています。しかしそれが健康に害であることを知らず、身体を守るマスクなどの防具もないため、害のある化学物質を吸い込んでしまいます。

実際に、環境保護団体のグリーンピースが２００３年にインドの６つの綿花の栽培地域で８９８人の子どもたちを調査したところ、運動能力や集中力、記憶力がほかの地域の子どもよりも劣っているという結果が出ました。農薬の影響が大きいとグリーンピースは考えています。

工場労働では、多くの子どもたちが作業場に閉じ込められた状態で作業させられており、ひどいばあいには、逃げないように足を鎖でつながれていたりします。身体の成長途中にある子どもが労働で身体に過度な負担をかけると、指や骨が曲がる、目が悪くなる、呼吸器に障害がでる、身体がきちんと成長しなくなるなどの被害を受けることがあります。手足に傷を負うことなど日常茶飯事です。

パキスタンの元児童労働者のイクバル君は、幼い頃からカーペット織りをして無理な姿勢を続けていたため身長が伸びなくなってしまい、１９９５年に12歳で殺害されたとき、身長が１２７センチしかありませんでした。また、雇い主などからけられたり殴られたりといった虐待や暴力を受けたと告白する子どももたくさんいます。

家の中の掃除や洗濯といった家事労働をする少女たちが、雇い主の性的虐待の犠牲となるばあいもあります。家の中という閉ざされた空間で働かされるため、実態をつかむことはきわめてむずかしい状況です。虐待を受けた子どもたちは、精神的、心理的に非常に不安定になることが多く、心に受けた傷をいやし、立ち直るためには長い時間がかかります。児童労働は子どもがひとりの人間として健全に成長することをさまたげてしまうのです。

理由2　教育を受けられない

子ども時代は人生のはじまりの大事な時期であり、この時期にどんなことを学び、どんな機会が与えられるかが、将来の人格をつくるうえで大きな影響を与えます。また、社会の成り立ちなどさまざまな知識を身につけ、自分で未来を切り開いていくための基礎固めの時期でもあります。

このような機会や知識を子どもに与えるのが教育です。そして、その教育のための場となるのが学校なのです。

以前フィリピンのごみ山でごみ拾いの仕事をしていたジェシカさんは、NGOのプログラムに参加して奨学金をもらい、大学で建築学を専攻しました。「教育を受けなかったら、自分が建築に興味があることもわからなかったと思う」とジェシカさんはいいます。

教育を受けることは新しい可能性を発見することにつながります。読み書きや基礎的な計算をする能力を身につけることは、将来どのような仕事をするときにも必要です。そのほかにもさまざまな能力や知識を身につければ、職業選択の幅も広がり、家庭が貧しくても自分の努力によって貧しさから脱することができるようになります。

児童労働をさせられている子どもたちは、生きていくために必要な基礎的な知識や能力を身につける機会を奪われているのです。前述の坂口さんの話にもあるように、たとえ学校に通っていたとしても、働かなければならないために宿題をする時間がとれなかったり、疲労して考えることに集中できなかったりすれば、知識や能力を十分に身につけることはできません。また、学校に入学したとしても、途中で学校をやめてしまったりして、実際には基本的な読み書き計算さえもできない子どももおとなもたくさんいます。

理由3　人としての自由を奪う

毎日働かなければならない子どもたちには、ゆっくり休んだり遊んだりする時間がほとんどありません。その究極が、すべての自由を奪われてしまう奴隷状態の労働です。

奴隷制度*というと遠い昔になくなったと考える人も多いかもしれませんが、実は奴隷状態で働かされているおとなや子どもはまだまだ世界中にたくさん

*奴隷制度：人格や人権を認められず、他人の所有物として使われる仕組みが、社会の制度として存在していること。

さんいるのです。奴隷の親から生まれた子どもたちは、幼いうちから働かされ、奴隷として一生を過ごすことになります。奴隷は主人のために朝から晩まで働かなくてはならず、賃金が支払われることはありません。また、奴隷は主人の所有物とみなされているので、売り買いされることもあります。つまり、奴隷状態で働く子どもたちは、自分で何かを決めたり、行きたい場所に行ったり、食べたいときにごはんを食べたりといった当たり前のことができない状態にあるのです。

他人から自分の存在を脅かされることなく生活することは、だれもが持っている権利、すなわち人権です。国連の「世界人権宣言」*（１９４８年）には、世界共通の人権とは何かが具体的に定められています。また「子どもの権利条約」（１９８９年）（１１６ページ参照）には、おとなだけでなく子どももひとりの人間であり、人権があること、人として公正に扱われるべきであることがはっきりと記されています。児童労働は、このような国際的な文書で約束されている、子どもの人としての自由、権利を奪っています。

世界人権宣言：１９４８年に国連が定めた宣言。すべての人は生まれながらにして自由であり、尊厳と権利とについて平等である。人間は、理性と良心とを授けられており、互いに同胞の精神をもって行動しなければならない、として、すべての人の命と身体の自由と安全に対する権利を定めている。１９５０年には、この宣言が採択された12月10日を「世界人権デー」として、毎年世界中で記念行事をおこなうことが国連で決められた。

理由４　社会を支える人材が育たない

教育が重要であることは前にも書いたとおりです。教育は個人の人生にとって大きな意味を持つだけでなく、社会全体をみたときにもとても重要なものとなります。社会を支えているのは「人」だからです。

たとえば、児童労働が問題になっている開発途上国の多くでは、子どもが幼いうちに命を落としてしまうという問題も起きています。命を落とすといっても、その原因は多くのばあい、下痢など少しのケアがあれば予防できる病気なのです。つまり、衛生に関する基礎的な知識がないために、尊い命が失われているのです。また、とくにアフリカの国々では、エイズによって働き盛りのおとなたちがつぎつぎと命を落としていることが問題になっています。これらの病気から身を守るためにも、教育を通じて正しい知識を身につけることはとても重要です。

女性の識字率が上がると幼児の死亡率が下がるというユニセフ（１９９９年）の報告があります。つまり、お母さんが読み書きできるようになって健康や育児に関する知識を身につければ、自分や子どもの健康を保つことがで

女子教育と乳幼児死亡率

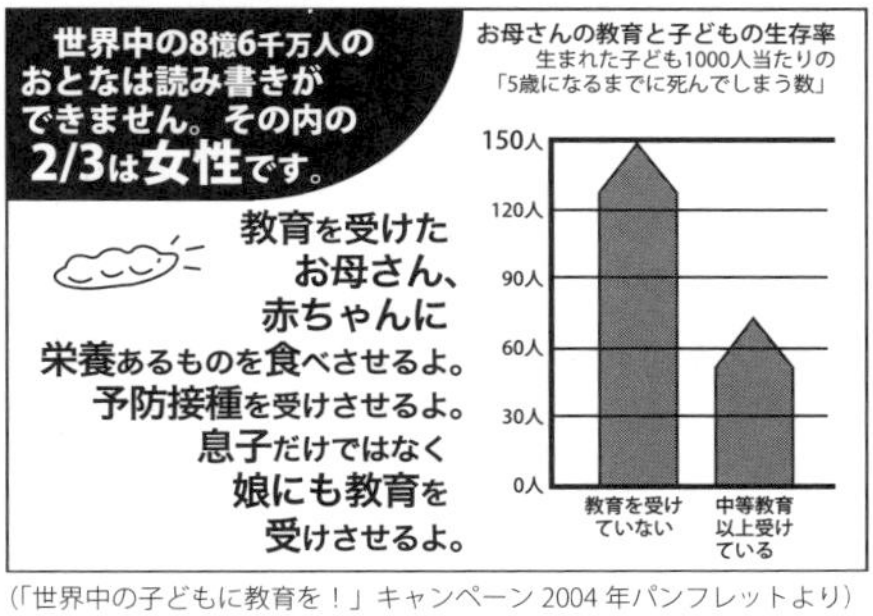
世界中の8億6千万人のおとなは読み書きができません。その内の2/3は女性です。
教育を受けたお母さん、赤ちゃんに栄養あるものを食べさせるよ。予防接種を受けさせるよ。息子だけではなく娘にも教育を受けさせるよ。
お母さんの教育と子どもの生存率
生まれた子ども1000人当たりの「5歳になるまでに死んでしまう数」
150人
120人
90人
60人
30人
0人
教育を受けていない
中等教育以上受けている

（「世界中の子どもに教育を！」キャンペーン 2004 年パンフレットより）

きるようになるのです。人びとが健康であることは、社会全体が健康であることの基本です。そのほかにも、社会のさまざまな機能について人びとが知識を持つこと、そういった人材を育てていくことは、社会全体を健全に保つためには欠かすことができません。教育の機会を奪う児童労働は、人材を育て、社会を育てることをさまたげているといえます。

また、教育を行き渡らせることは、みながおなじ機会を与えられるようになり、社会がより平等になることに近づきます。児童労働で教育を受けられないと、おとなになっても貧しいままで、今度は自分の子どもを働かせることになります。そうすると、貧しさが世代を超えて受け継がれる貧困の連鎖が生まれてしまうのです。貧しい人や学校に行けない子どもは、社会の中でも差別されることが多くあります。差別によって、ほかの人と同じように教育を受けたり仕事に就いたりすることができなければ、それがさらに貧しさを助長してしまいます。児童労働は、貧困の連鎖や差別を継続させ、その結果社会を不安定にさせる原因になっているといえます。こうして考えると、児童労働は子ども本人やその家庭だけの問題ではなく、社会全体、世界全体の問題なのです。

女子教育の世代を超える効果

女子の教育はのちの世代にも恩恵をもたらす。教育を受けた女性の家族は子どもの数が少なく、子どもも健康で、教育を受けなかった女性の子どもよりも、教育を受ける可能性が高まる。子どもの死亡率が低下すると行動が変化し、出生率が低下する。子どもの数が少なくなると子どもを十分にケアすることができ、出生率の低下によって就学年齢の子どもの数が減少する。

資料：サントシュ・メロトラ、リチャード・ジョリー編。「人間の顔をした開発」、クラレンドン出版、オックスフォード、1997年

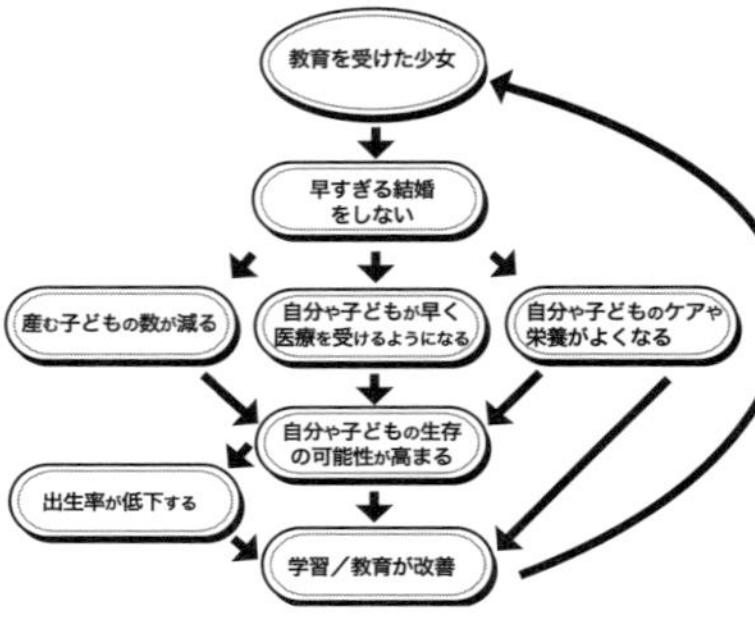

第5章 インドで起きていること

子どもたちが児童労働からぬけ出すためにはどうしたらよいのでしょうか。働かされている子どもたちの状況もさまざまですから、そこからぬけ出すための方法もさまざまです。

- 教育を推し進めることによって児童労働を予防する。
- 最悪の状態で働かされている子どもたちを救出する。
- 救出した子どもたちの社会復帰を助ける。
- 農村での児童労働をなくす活動をする。

このほかにもさまざまな取り組みがありますが、ここでは主にインドでの取り組みについて紹介していきましょう。

子どもたちを学校に通わせて児童労働を予防する

児童労働を予防するために教育はもっとも大切な手段です。1990年にタイで開かれた国際会議の場で、「万人のための教育*」という目標が立てられて、すべての国ですべての人に基本的な教育を行き渡らせることが約束されました。インドでも、SSA（Sarva Siksha Abhiyan ＝ヒンディー語で「初

*万人のための教育：英語でEducation For All（EFA）という。2000年にはセネガルで再び会議がおこなわれ、「ダカール行動枠組み」が採択され、2015年までに基礎教育の完全普及をおこなうなどを決めた。

等教育の完全普及」という意味）という小中学校の教育を広めるプログラムが２００１年からはじまりました。６歳から14歳までのすべての子どもたちが学校に通えるように、新しく学校を建てる、教室やトイレなどの設備や教材を充実させる、先生を増やすなどの対策が進められています。

また、児童労働をしている子どもたちが働くことをやめ、学校に通うようにするための全国児童労働プログラムも実施されています。仕事をやめた子どもたちが通う特別学校や公立の学校に編入するための補習コースを設けたり、義務教育を終える年齢の子どもたち向けの職業訓練プログラムをおこなったりしています。インド政府の報告によると、インドではこのような取り組みによって、２００２年から２００６年の間に、学校に通っていない子どもたちの数が約３２００万人から約７０５万人に減りました。

インドで2番目に児童労働者の多いアンドラ・プラデシュ州では、政府とＮＧＯが連携してスラムで２５０の学校を運営したことが効果を上げたと報告されています。このように、学校に通えない子どもたちの状況に応じて、柔軟に子どもたちが学校に通える環境を生み出すことで、児童労働を予防することができるようになります。

政府はＮＧＯなどと協力して、仕事をやめた子どもたちのための特別な学校を設けるなど教育の普及に取り組んでいる（パンジャブ州、２００５年９月）

子どもたちに学ぶ場としての学校を提供するだけでなく、子どもたちが毎日学校に通うように徹底させることも重要です。学校で給食を出したり家族に対して食べ物を配給したりして、貧しい家庭が子どもを学校に通わせやすくする取り組みもあります。インドのケララ州*では、この学校給食の支給、食料の配給方式を導入することで、経済的には貧しい州でありながら高い就学率を達成しています。同じような取り組みは、インドを含む南アジアをはじめ中南米、アフリカ各国でも広くおこなわれています。

南米での取り組みも少しだけ紹介しましょう。ブラジルでは、1995年にはじまった「すべての子どもを学校に」というプログラムの中で、貧しさが理由で子どもたちが働いていた家庭に対して、学校に通わせることを条件に政府が奨学金や給付金を支給しました。子どもたちが仕事をやめて学校に通うことによって失われる収入を埋め合わせるための工夫です。このプログラムによって、ブラジルでは1300万人近い子どもたちが通学するようになったといいます。

このように、政府が本気で取り組むことによって、より多くの子どもたちに学校教育の機会を保障することができるのです。すべての子どもたちが質

ケララ州：インド南部にある州。人びとの生活向上を中心に考えた貧困政策をとることで、インドで唯一、低所得者層でも衣食住に困らず、十分な教育と医療を受けられる州といわれている。

のよい教育を受けるためには、政府が十分なお金を子どもの教育のために費やすことが必要です。

サーカス団から命がけの救出劇

子どもたちが教育を受けられるようにすることが、児童労働をなくすための方法の一つですが、実は働いている子どもたちが学校に通えるようになるまでにはいくつものハードルがあります。とくに、ほとんど奴隷のような状態で働かされている子どもたちは、まずはその状態から助け出さなくてはなりません。救出行動は大きな危険を伴うむずかしい仕事であり、その方法は時と場合によって大きく異なります。

たとえば、行政や地域または産業が一体となって、子どもたちに仕事をさせないように雇い主と交渉したり、親を説得して子どもたちを労働から引き離し、学校に通わせるように働きかけるという方法があります。

ときには非常に暴力的な救出劇に発展することもあります。インドのNGO「子どもたちを救え運動」（BBA：Bachpan Bachao Andolan）は、25年間に約6万7000人の子どもたちをカーペット工場や採石場、マッチ工場、サーカスなどから救出してきました。子どもを出稼ぎに出した後、連絡が取れなくなってしまったという親からの相談や、工場周辺の地域の人びとからの情報提供によって、スタッフが救助チームを編成して救出活動に乗り出します。

2004年6月、私たちの元にあるニュースが飛び込んできました。BBAの救助チームがネパールからインドのサーカス団に連れてこられた少女たちの救出に向かったところ、サーカス団の人間に襲われて、命からがら逃げざるをえなかった、というのです。

サーカス団にとらわれていた少女たちは、十分な食事も与えられず、朝早くから夜遅くまで危険な演技をさせられたうえ、サーカスの団員から暴力や性的虐待を受けていました。BBAの救助チームは親からの通報を受け、現地メディアのテレビカメラと一緒にサーカス団に乗り込みました。しかし、サーカス団のオーナーに雇われた暴力団が救助チームやカメラマンを取り囲み、銃を向け、鉄の棒で襲いかかりました。少女たちはサーカスの檻の奥に引きもどされ、救助チームのスタッフは、頭部からの流血、骨折といっ

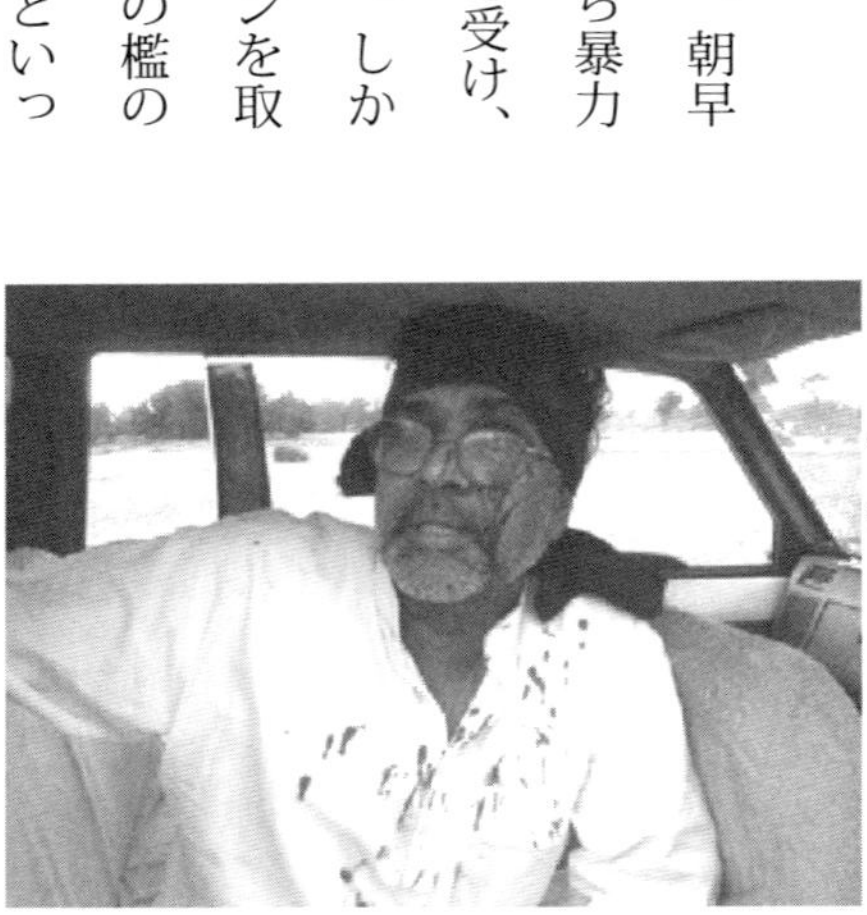

襲撃を受けて血を流しているカイラシュ氏 ©Vinay Singh

た負傷をし、その場から逃げなければなりませんでした。

そのひとり、ＢＢＡ代表のカイラシュ・サティヤルティさんは、傷を負った身体で州政府庁舎前に座り込み、何日も食事も取らずに少女たちの救出を訴えました。同時に、最高裁判所に対して少女たちの解放を求める訴えを起こしました。この事件はテレビや新聞にも大きく取り上げられ、インド全土から抗議に参加する人びとがやって来ました。日本の私たちもインターネットやメールでこの事件を日本の人たちに知らせ、協力を呼びかけました。インド国内での運動の盛り上がりや海外からの強い抗議の声が実を結び、翌月の7月28日に、最高裁判所は少女たちを解放するようサーカス団のオーナーに命じ、24人の少女たちはようやく助け出されました。

子どもを救出するため、ＢＢＡでは脅しや襲撃を受けたりスタッフが命を落としたりしたこともあるといいます。雇い主は悪いことをしていると知ったうえで子どもたちを使っているわけですから、当然抵抗してきます。ＢＢＡは抜き打ちで救出活動をおこない、ときには警察や行政の協力を要請し、テレビカメラを連れて入ったりもします。

しかし計画どおりに進まないこともあります。今回サーカス団に乗り込ん

ハンストを行うカイラシュ氏
©Vinay Singh

だ際にも州の行政官と警察が同行していましたが、暴力事件に発展しても手をこまねいているだけでした。サーカス団のオーナーと行政官が裏でつながっていて、事前に情報が漏れていたのではないかという話もありました。

インドでは債務労働は法律で禁止されていますが、慣習としては根強く残っていて、いまでも1000万人もの子どもたちが奴隷状態に置かれているとBBAは推計しています。また、人身売買の禁止も憲法で決められていますが、年間6000人から1万人の子どもたちが、買春など性産業で働かせることを目的にネパールから連れてこられているという統計も出ています。子どもたちが救出されることはうれしいことですが、いまでも暗い闇の世界に閉じ込められている子どもたちがたくさんいるというのは、ほんとうに悲しいことです。

救出した子どもたちの社会復帰

児童労働から救出された子どもたちは、家族の元に送り返されることになりますが、地元に帰ってもすぐに日常の生活に戻れるとはかぎりません。そ

救出されたネパールの女の子たちとカイラシュ氏

こで、働いている間に受けた心の傷を回復させ、戻った後の生活がうまくいくように、一定期間、ＮＧＯなどが運営する保護施設で生活することがあります。

インドのラジャスターン州にある保護施設の一つである「バル・アシュラム」を紹介しましょう。ヒンディー語で「バル」とは「子ども」、「アシュラム」とは「道場」という意味です。先ほど紹介したインドのＮＧＯ「子どもたちを救え運動」（ＢＢＡ）が、１９９８年から運営しています。周りを丘に囲まれた広い敷地の中に、寝泊りをする寮、勉強やトレーニングのための教室や図書館、多目的ホール、食堂などが点在しています。ここは男の子専用の施設で、２００６年9月に私たちがスタディツアーで訪れたときには、66人の男の子が生活していました。ひとりの子どもが滞在するのは6ヵ月間で、その後家族の元に帰すのが原則になっています。ただし、家族が問題を抱えていていたり、帰る家がなかったりすることもあるので、そのばあいは引き続きここで生活しながら公立の学校に通います。

アシュラムでの子どもたちの1日は、毎朝5時半の起床からはじまり、体操、瞑想やヨガ、学校に通うための読み書き・計算の基礎学習、大工仕事や

朝の体操をするバル・アシュラムの子どもたち（２００６年9月）

溶接などの技術を身につける訓練などがおこなわれます。栄養のある食事をとることも健康的な人間の営みとして大切にされ、友だちと歌ったり踊ったりゲームをしたりする時間も人間的な喜びを取り戻すリハビリとしておこなわれます。

また、朝と晩には自主的に施設の掃除や草木の手入れをして、自分たちが生活する場所をきれいにする習慣を身につけていきます。多くの子どもたちは、朝も夜もないような状態で奴隷のように働かされていたわけですから、自由というものを知りません。共同で規則正しい生活を送りながら、同時に自由であることを覚え、一般の社会生活に戻れるように訓練しています。

子どもたちは、ある時期に親と離れ離れになり、日常的な暴力や虐待にさらされ、恐怖や不安の中で日々を過ごしていました。そうした子どもたちには、安心して眠れる場所、基本的な食事、友だちと一緒に過ごす時間といった、人間にとってごく当たり前の生活がまず必要なのです。そして人が信じられる存在であることを理解すること、ひとりの人間として自分自身の尊厳を取り戻すことが必要です。

バル・アシュラムでは、リーダーシップの育成も重視しています。奴隷扱

児童労働を題材にした劇を演じるバル・アシュラムの子どもたち。劇を通じて、周辺の村の子どもや住民に問題を伝えている

いされていた子どもたちが、何が正しく何が間違っているのかを学び、自信や学力をつけることによって社会を改善するリーダーになること、地元で奴隷状態の人たちがいれば助け出すような活動家になることを目指しています。さらに、そうしたリーダーを養成することで、社会全体を変えるという目標を掲《かか》げています。

児童労働を出さない「子どもにやさしい村」づくり

「子どもたちを救え運動」（ＢＢＡ）では、救出活動や子どもたちのリハビリ施設の運営のほかに、児童労働を未然に防ぐ予防の活動にも力を入れています。２０００年から、子どもたちが働くのではなく、学校で質のよい教育を受けられるような「子どもにやさしい村」づくりを進めています。２００５年までに、インド８つの州、88の村でおこなってきました。わたしたちも２００２年からこの活動を支援しています。

具体的には、学校に通っていない子どもたちの親を説得するなどして、子どもを学校に通わせるように促す活動をしています。また、村で何度も集会を開き、教育を受けることは子どもの権利であり、親や地域、行政には子どもを学校に通わせる責任があることを村の人たちに伝えていきます。貧しい家庭の子どもが働くのは仕方がない、それが当たり前だという考え方が根づいているため、多くのばあい、親は子どもを働かせてしまいます。周りの人たちもそれを容認してしまっています。児童労働は貧しさの解決にはならないという認識を村人が持つこと、学校に行かせずに子どもを働かせるのはよくないことだという雰囲気を村全体につくっていくことが大切です。

このとき重要となるのは、地域でのネットワークです。働いている子どもや学校に通っていない子どもはいないかを地域全体で監視するために、BBAでは、村で重要な役割を果たす人たち、たとえば村の議員や学校の先生、保健所のスタッフ、村の開発を担当する委員などの協力を得ています。

また、村に「子ども村議会」をつくり、子どもたちが村づくりに参加できる仕組みづくりにも取り組んでいます。子どもの問題について子どもたち自身が話し合いによって解決策をみつけ出し、村のおとなたちがそこに参加することで、「子どもにやさしい村」に変えていこうという取り組みです。

「子ども村議会」の議員は、子どもたちによる選挙で選ばれます。

ウッタル・プラデシュ州のジャンゲティ村で子ども議員に選ばれた子どもたち。子どもたちは選挙に参加することを通じて、民主主義の仕組みやリーダーシップについても学ぶ

2005年9月に選挙がおこなわれたウッタル・プラデシュ州ガンゴール村では、3つしか教室がない村の小学校の一室に投票所が設けられ、集まった子どもたち200人あまりが、先をあらそって投票しようとしていました。投票の受付をおこない、子どもたちに投票用紙を渡すのも子どもたちです。選挙の結果、この村では3人の女の子と3人の男の子が子ども議員に選ばれました。

このような活動を通じて、子どもたちは社会の仕組みや民主主義についても学んでいます。村の子どもたちは、学校に通っていない子どもが村にいれば、直接声をかけたり親を説得しに行ったりする活動を自主的におこなっています。このような地道な活動により、ガンゴール村では、働いていたためにまったく学校に通っていなかった子どもたち83人が学校に通うようになりました。学校の教室や先生が増えるなど、教育の質も改善され、村全体の活性化にもつながっています。それだけでなく、おとな同士も互いに協力し合うようになり、争いごとも少なくなったといいます。「子どもにやさしい村」をつくるということは、だれにとってもやさしい村をつくるということなのかもしれません。

ウッタル・プラデシュ州、ガンゴール村の子ども村議会の子どもたち

地道な取り組みにより人びとが自信と力を身につける

このような取り組みにも困難がつきまといます。子どもが働かなくてはならない家庭では、経済的な面だけではなく、さまざまな問題を抱えています。たとえば家庭内暴力や性的虐待、親の子育て放棄、麻薬中毒、アルコール依存などがみられます。そのため、子どもを救出した後も、家族や親戚、周囲の人たちとの関係に継続的な注意を払わなければなりません。ＮＧＯなどの働きかけによって、子どもを通学させることを親や親族が約束しても、そうした約束がかえってストレスとなり、陰で子どもを虐待するケースもあります。

ラジャスタン州のある村では、つぎのような事件がありました。女性に対する差別が根強く、女の子が学校に行くことが珍しかったその村で、ＮＧＯの働きかけによりやっと学校に通えるようになった女の子がいました。けれども、不幸なことに通学途中で交通事故にあって亡くなってしまったのです。村びとは、女の子を学校に行かせることにまた消極的になってしまいました。このように、人びとの習慣や価値観を理解したり変えたりすることは、ほんとうにむずかしいことです。

グループを作り新しくビジネスを始めた女性グループのメンバー
（ラジャスタン州、2006 年 9 月）

インドで起きているさまざまな取り組みと変化をみていて一番大切だと思うことは、児童労働の問題を抱えている人びと自身が変化しなければならないということです。ラジャスタン州の村で、働いていた子どもを学校に通わせるようになった女性は、「活動に参加するようになってどのように生活が変わりましたか?」という質問に、「子どもたちに教育を受けさせるためにはどうしたらいいかを考えるようになった」と答えてくれました。この女性は子どもを学校に通わせる代わりに自分が外で働くようになったといいます。別の村では、母親たちがグループをつくり、政府の支援プログラムを活用して、牛のミルクを売って収入を得るビジネスをはじめることにしました。バル・アシュラムで育った16歳のオム君は、子どもには学ぶ権利があることを知り、いまでは自分の村を「子どもにやさしい村」に変えるために活動しています。

児童労働というとても大きな問題を目の前にすると、自分は無力でどうすることもできないと考えてしまいがちです。貧しい人たちやとくに弱い立場に置かれている女性や子どもたちであればなおさらです。しかし、ここで紹介した取り組みにかかわる人びとは、自分たちの力で小さな変化を起こして

バル・アシュラムで訓練を受けた子どもたちがリーダーとなり、自分の村で活動している。児童労働を防ぐ村づくりを進めるため住民に話をしているオム君(2006年9月)

いくことで、問題を克服する方法をその体験から学んで、自信をつけていきます。その証拠に、話をする女性や子どもたちの言葉は力強く、目は輝いていました。児童労働のない社会をつくっていくためには、それが実現可能だということを信じて、そのためにできることを一つ一つ積み重ねていくことが大切なのです。

第6章
企業の社会的責任が問われている

〜児童労働のない製品を求めて

国際市場からの輸入品に頼って生活している私たちが、子どもたちが働いてつくったものを食べたり使ったりしている可能性があるように、それらの製品を製造または販売している企業も児童労働に無関係とはいえません。企業が環境問題に気を配り、環境にやさしい製品をつくることや環境保護活動に取り組むことはいまでは当たり前になりました。企業の社会的責任（CSR）といって、企業は利益を上げるだけではなく、社会の発展に貢献し、その役割を果たす責任があるという考え方も広まってきました。その中で、児童労働や労働者の人権に対する企業の責任も問われはじめています。

働いている子どもたちがつくった製品には、国内で消費されるものもあれば輸出されるものもあります。児童労働は輸出産業にはあまりないという指摘もありますが、その製品をつくる過程で、児童労働者として実際に子どもたちがかかわっているということが報道されたものがいくつかあります。中でも私たちにとって身近なものが、サッカーボールやチョコレートです。

FIFAとサッカーボール

これまで、長時間労働、低賃金、換気や照明の設備がない作業場での労働など、まるで機械のように子どもやおとなの労働者を酷使して製品をつくり、利益を上げているということで、スポーツ用品メーカーが国際的に批判されてきました。サッカーボールについても、子どもたちがボールを縫っていることが報道され、取り組みがはじまりました。

ナイキやアディダスなどのスポーツ用品の関連企業がつくる「世界スポーツ用品産業連盟」（WFSGI）*と、国際機関であるILOとユニセフが協力して、サッカーボール産業で働いている子どもたちを学校に通わせるプロジェクトが1997年からパキスタンではじまりました。サッカーボールを縫う作業は、作業場だけでなく家庭でもおこなわれます。縫われたボールは仲介人によって回収され、ボール製造会社の工場に運ばれるため、会社はだれがボールを縫っているのかを知ることがむずかしいという問題がありました。そこで、このプロジェクトでは工場や作業場で働く人を登録することにしました。登録できるのはおとなだけです。そのうえで、訓練を受けたス

＊「世界スポーツ用品産業連盟」（WFSGI）：1978年に創設されたスポーツ用品関連企業や団体が加盟する非営利団体。スポーツの振興と公正な取引の推進を目的に活動している。国際オリンピック委員会にも、スポーツ用品業界の代表として参加している。

タッフが定期的に作業場を抜き打ち検査し、登録した人以外、つまり子どもが働いていないか見回ります。こうして、登録された場所で登録された人しか働くことができないというルールをつくることにより、子どもが働かないように監視し、児童労働を予防することができるようになりました。もし登録された作業場で子どもが働いていたばあいは、子どもを働かせないよう指導し、引き続き監視をおこないます。何度か指導されても違反を続けた作業所は、登録が取り消され、仕事が続けられなくなります。さらに、働いていた子どもたちは教育が受けられるようにしました。パキスタンでは、このプロジェクトによって7000人近い子どもたちがサッカーボールを縫う仕事をやめて学校に通うようになりました。

インドでも同じような取り組みが進められました。教育のプログラムでは、14歳以下の子どもたちのために勉強を教える教育センターをつくり、NGOと協力して、公立学校へ編入するまでの補習的な学習を教えています。子どもたちは、学校の勉強についていけるようにセンターに通い、ある程度の学力がついたところで公立の学校に編入していきます。義務教育を終える年齢に近い子どもには、社会に出て役立つ職業訓練もおこなっています。

インドのプロジェクトで使われた啓発用のポスターと説明するスタッフ（2005年9月）

社会保護のプログラムでは、子ども本人や親、雇い主や地域の人たちを対象に、児童労働の問題点や子どもの権利を啓発する活動がおこなわれています。児童労働をなくしていくには、とりわけ村役場の責任者や学校の先生、雇い主、地域の有力者の協力を得ることがたいへん重要です。それによって地域の人たちの理解を得やすくなります。

また、家計が成り立っていくように、ビジネスをはじめるための資金を家庭に提供する試みもおこなわれています。たとえば、グループでボールをつくる仕事を請け負う仕組みをつくるなど、子どもの収入に頼らずに家計が成り立つ方法を指導しています。

パキスタンでのプロジェクトの活動資金は、国際サッカー連盟（ＦＩＦＡ）やアメリカ政府、アメリカサッカー産業協議会などが拠出しており、１２７万ドルにのぼっています。インドでは、スポーツ用品メーカーが利益の０・２５％を出し合ってプロジェクトを実施し、それをＦＩＦＡもサポートしています。このような取り組みはまだパキスタン、インドにかぎられていますが、国内の関連産業、スポーツ団体、国際機関やＮＧＯが協力して進められています。

インドの財団が運営するノンフォーマル学校に通う子どもたち（２００１年９月）

国際労働機関（ＩＬＯ）のサッカーを通じた啓発の取り組み

　サッカーは多くの国で人気が高く、注目を集めるスポーツです。そのサッカーを通じて児童労働の解決を呼びかける取り組みも広まっています。

　２００２年、国際労働機関（ＩＬＯ）は国際サッカー連盟（ＦＩＦＡ）とアフリカサッカー連盟（ＣＡＦ）とともに、「児童労働にレッドカードキャンペーン」をアフリカのマリではじめました。これは、世界の主要なサッカーの国際大会などでＩＬＯと各地のサッカー連盟が協力しておこなっています。

　２００６年には、エジプトで開かれたアフリカカップでもキャンペーンがおこなわれました。キャンペーンにはＦＩＦＡとアフリカサッカー連盟のほか、12のＮＧＯ団体も参加しました。ムバラク大統領夫人が球場の大画面でレッドカードを掲げて児童労働の廃絶を訴える映像が流され、観客にレッドカードが配られました。そのほかにも、街の中で行進をするなど、さまざまな啓発活動がおこなわれました。

　企業が直接的に児童労働を予防するだけでなく、ＦＩＦＡのような世界的に影響力のある団体がその活動をうまく活用して協力することにより、社

「児童労働反対世界デー」の記念マッチで「児童労働にレッドカード」を掲げる女子サッカーチームの子どもたち（２００６年６月12日）©ＩＬＯ

「児童労働にレッドカード」キャンペーンのために、国際労働事務局を訪れるムベキ南アフリカ大統領（２００３年６月11日）©ＩＬＯ

会的なメッセージをより多くの人びとに伝えることができます。

チョコレート産業の取り組み

　カカオ農園で子どもたちが奴隷のように働かされているというニュースが２０００年にイギリスで報道*され、大きな波紋を呼びました。カカオ豆は私たちが食べるチョコレートの原料です。その後、世界一のチョコレート消費国であるアメリカでもカカオ農園の児童労働が雑誌に取り上げられました。このことが引き金となって、２人の議員がこの問題に乗り出し、チョコレートを作る会社に働きかけて、チョコレート産業が自分たちでカカオ産業の児童労働をなくしていくための取り決め*をつくることになりました。

　この取り決めができた後、まずは実態を把握するために、ＩＬＯなどの国際機関やアメリカ政府などが資金を提供して、ガーナ、コートジボアール、ナイジェリア、カメルーンの西アフリカの４カ国で児童労働の調査がおこなわれました。２００２年に発表された調査結果によると、カカオ農園のほとんどは小さい家族経営の農園であり、子どもが自分の家の農園で、なた

イギリスの報道：西アフリカ最大のカカオ生産国のコートジボアールのカカオ農園の90％以上で子どもたちが働かされているという報道。イギリスのチャンネル４のテレビ番組で２０００年９月に放映された。

ハーキン・エンゲル議定書：２人の議員の名前をとったこの議定書（取り決め）は２００１年９月に世界カカオ基金とチョコレート製造業者協会によって署名された。児童労働の実態調査やＩＬＯとの連携など６項目の取り決めを産業全体で取り組むことを誓ったもの。

を使った草刈りをするといったことはどの国でもあるということでした。また、農薬をまく仕事を子どもがすることもあり、健康被害の危険があることも報告されています。調査の対象になったカカオ農園経営者の子どもたちのうち、3分の1は1度も学校に行ったことがないこともわかりました。そこで、世界カカオ基金*やアメリカ政府が資金を提供して、国際機関やＮＧＯなどと協力して西アフリカでこの問題に取り組むことになりました。

ガーナの農家学校「ファーマーズスクール」

報道をきっかけに、カカオ農園で働く子どもたちの存在が注目され、さまざまな取り組みがはじまりました。

西アフリカのガーナでは、アメリカ政府と国際熱帯農業研究所（ＩＩＴＡ）が中心になって、カカオ農家を対象とした「ファーマーズスクール」（農家学校）という取り組みが進められています。この「スクール」では、農家の人たちが2週間に1度集まって、カカオ豆の新しい栽培方法や管理の工夫、流通などについて学んでいます。小さな家族経営のカカオ農家のばあい、栽

*世界カカオ基金：カカオを原材料とするチョコレートなどを製造する企業が集まってつくった会員制の非営利団体。カカオの木が健康に育てられ、チョコレートなどをつくるのに必要なカカオ豆の量を持続的に収穫できるようにすることを目的とし、栽培方法を研究したり、広めたりする活動をおこなっている。２０００年発足。（２００７年5月現在、7団体、52企業が加盟。日本の森永製菓と明治製菓も２００６年に加盟。２００７年にロッテも加盟した）
世界カカオ基金ウェブサイト
http://www.worldcocoafoundation.org

培技術やカカオ豆を売るための知識が少ないために経営が安定しないという問題があるからです。また、健康に対する農薬の害が知られていないことから、農薬に対して弱い子どもに農薬をまく作業をさせてしまうこともあります。

「スクール」に通う農民の中には読み書きができない人もいるので、教科書は使いません。すべて、農園の中での実際の作業を通して農家の人同士が観察したり意見を交換し合ったりして学び、自分たちの経験を出し合って知識を深めていきます。そこでは、子どもたちの労働のこと、勉強のこと、エイズのことなど村の生活が抱えている問題についても話し合われます。

カカオ農家のイェボアさんの話

ガーナでおこなわれている「ファーマーズスクール」に参加している農家のイェボアさん（仮名）は、私たちのインタビューにつぎのように答えました。

「この取り組みによって収穫量を増やすことができました。スクールで学んだ方法で栽培をしたら、姉の農場より小さい私の農場でも、姉より多くの収穫を得られたのです。収入が増えたので、子どもを学校にやったり家を改築したりする余裕ができました。

最初、ＮＧＯが村にやってきてスクールを開くといったときは、どんなことをするのかわからなかったし、時間のムダなんじゃないかとか、こんなものに参加してだいじょうぶかという不安もありました。

でも、いまは参加してよかったと思っています。スクールに参加しなかった人たちや姉にも、スクールで学んでおぼえたやり方を教えています。

子どもを働かせることは、結局は子どものためにも家族のためにもよくないということも学びました。カカオ農園のいい跡取りになってもらうには、知識が必要だということがわかりました」

このように、農家が知識をつけて十分な収入を得られるようになることで児童労働をなくすために「スクール」は役立っています。35万世帯といわれているガーナのカカオ農家全体にこの取り組みを広げていくためには、さらなる努力が続けられる必要があります。

カカオ農園で開かれるファーマーズスクールの授業の様子

カカオとフェアトレード

「ファーマーズスクール」のような取り組みを通じて少しずつ農家の生活は改善されてきていますが、ガーナを含めた世界のカカオ農家がカカオの生産によって利益を得、安定した生活をすることができるような状態にはまだなっていません。それは世界の貿易の仕組みが、じゃまをしているからです。

カカオ豆はロンドンとニューヨークで取り引きされ、価格が決められています。その価格は過去数十年でかなり変動がありました。2006年時点では1トン約1500ドル程度で取り引きされていますが、それが半額になってしまったことも、倍以上の価格で取り引きされたこともありました。全体のカカオの生産量の変動などにより、カカオ豆が余ってしまったときは値段が安くなり、逆に少なくなったときには値段が高くなるのです。一方でカカオ豆は、お金をもうけることを目的とした投資や取り引きに使われることも多く、生産者とはかけはなれたところで、カカオ豆の値段が決められているという側面もあります。カカオ豆の値段が急に下がると、そのしわ寄せを受けるのは、生産農家の人たちです。

そんなカカオ豆の世界的な取り引き方法がある一方で、より生産者に公平な方法で取り引きをする、フェアトレード*のカカオも流通するようになりました。

フェアトレード運動は、ヨーロッパを中心に１９６０年代から広まりました。フェアトレードは、生産者の労働や費用の負担に見合った適正な価格で貿易や取り引きをすることで、途上国の労働者の生活向上を支えることを目指しています。し烈な国際競争の世界では、利益を増やすために生産コストを極端に低く抑えるため、実際に働いている人たちに支払われる賃金が生活できないほど少ないということもしばしばあります。フェアトレードは、製品をつくっている人たちに適正な賃金と働く環境を約束することで、働く貧しい人びととの自立を支援する取り組みです。子どもの権利を守ることも目標に掲げています。同時に地域の産業育成や子どもの教育なども支援しています。

つまり、フェアトレード商品は「児童労働がない」商品といえます。アメリカのフェアトレード団体のトランスフェアーＵＳＡが認証するカカオの栽培現場では、児童労働はきびしく禁止され、確認のための視察がおこなわ

※参考になるウェブサイト
フェアトレード・リソースセンター
http://www.ftrc-jp.org
チョコレボ
http://www.choco-revo.net
ピープルツリー
http://www.peopletree.co.jp

れています。視察による検査をパスした農場のカカオを使ったチョコレートには、「フェアトレードラベル」がつけられています。このように、フェアトレードラベル認証団体が児童労働がないことを点検し、責任を持つ仕組みもできてきました。フェアトレードの商品は、チョコレート以外にもたくさんあります。

私たちがふだん口にしているチョコレートを通じて、児童労働の問題をかかえる途上国の農家の人びとの生活とカカオを買ってチョコレートをつくる会社やチョコレートを買って食べる私たちとがつながっていることがわかります。日本が輸入しているカカオは、その70%がガーナからのものです。カカオをつくる農家の人たちが十分生活できるだけのお金を払って取り引きされているのかどうか、実際はわかりません。これからは、世界全体での公正な取り引きがおこなわれているかどうかに気を配っていくことも、カカオ豆の製品をつくる企業や消費する私たちの責任といえるでしょう。

フェアトレードラベルのついた商品とフェアトレード商品の通信販売カタログ

子どもが働いていないことをラベルで示す「ラグマーク」

児童労働によってつくられたものを使いたくないけれど、見分け方がわからない。そんな声にこたえて、児童労働がないことを証明するラベルをつける方法が考え出されました。その一つの例が、手織りのカーペットにつけられている「ラグマーク」です。

インドやパキスタンではカーペットをつくることが古くからさかんで、子どもたちがカーペットづくりをすることは広くおこなわれていました。このカーペット産業で、子どもがつくった製品ではなく、おとなの労働者がつくったカーペットを市場に送り出そうという取り組みがおこなわれるようになったのは１９９４年のことです。作業所で子どもが使われていないかを検査し、一定の条件を満たした製造業者が製造したカーペットに「ラグマーク」と呼ばれるラベルをつけて、児童労働が使われていないことを消費者に証明しています。主にインドやネパール、パキスタンで製造されて、欧米向けに輸出されるカーペットに使用されています。この仕組みは、カーペット業界とＮＧＯが協力して設立したラグマーク財団が運営しています。この財団は、製造の途中で検査をして、子どもが働いていないことを確認したうえで、製造業者にラグマークの使用を許可します。子どもが働いていたばあいは、救出してリハビリのプログラムをおこなっています。

財団運営の資金は、使用許可を取得した会社から支払われるラグマーク使用料と輸出入をする会社からの出資金、助成金や寄付などによってまかなわれています。ふつうの商品には、商品のサイズ、原材料、製造者名、生産国、商品の取り扱い方法などが書かれたラベルがつけられているのが一般的です。ラグマークのような方法はソーシャル・ラベリングと呼ばれます。製品がつくられた国や労働環境など、製品がつくられた社会的背景を伝えるラベルを貼ることで、労働者にやさしく環境にもやさしい条件の元でつくられた製品であることを消費者に保証しています。先に紹介したフェアトレードでも同じような方法がとられています。

このようにサッカーボールやカーペットなどの産業で児童労働への取り組みが進んだ背景には、マスメディアでの報道や欧米を中心とした消費者による運動が大きく影響しています。テレビや新聞、雑誌でこうした問題が取り上げられ、児童労働はいらないとカーペットを買う一般の人たちが声を上

ラグマークのロゴを織ったカーペット（2004年、インド岩附撮影）

ラグマーク財団ウェブサイト http://www.rugmark.org

げたのです。このような取り組みは、児童労働の解決のために私たち消費者にできることは何かを示してくれています。

第7章
国際的なきまり、ルールで子どもたちを守る

子どもの権利条約

１９８９年、国連で「子どもの権利条約」*が採択されました。この「子どもの権利条約」は、子どもに関する法律や法律を守るための文書、ガイドラインなどをつくるときに必ず参考とされる、もっとも基本的な文書の一つと考えられています。現在、世界の１９３の国と地域が批准しています。国連に参加する国と地域のうち、アメリカとソマリア以外のすべての国が批准する、世界でもっとも広く受け入れられている条約です。日本は１９９４年に批准しています。

権利は英語で「ライト」といいます。子どもの権利を解説する本*には「権利（ライト）の本当の意味は、公正な要求、社会の人びとが『もっとも』と認め合った道理にもとづいて要求することができること」と説明しています。つまり、だれにとっても「当たり前」に認められ、守られるべきこと、それが権利なのです。人権とは、歴史、文化、宗教などが違っても、人として互いに認め合いながら生活してゆくための世界共通の守られるべきことなのです。その人権をとくに子どもの立場に立って考え、国連という世界各

子どもの権利条約：１９８９年11月20日に国連総会において採択された条約。基本的人権が子どもにも保障されるべきことを国際的に定めている。前文と本文54条からなり、子どもの生存、発達、保護、参加という包括的な権利を子どもに保障したものとなっている。１９５４年に国連は、「子どもたちの世界的な友愛と相互理解を促し、子どもたちの福祉を増進させること」を目指し、条約が採択された11月20日を「世界こどもの日」に制定した。

『子どもの権利条約を読み解く』（太田尭著　岩波書店）

国の代表が集まる場で公式に国際的なきまりとして認めたのが、「子どもの権利条約」です。

この条約は、18歳未満を「子ども」と定義して、54の条項で子どもの権利を説明しています。その条項は大きくつぎの４つに分けることができます。

①生きる権利――命そのものが大切にされること（第６条）、健康に育ち、病気やけがをしたら治療を受けられること（第24条）、食べ物や住居など、生きていくうえで基本的に必要なことを与えられること（第27条）などです。

②育つ権利――教育を受けたり（第28条）、休んだり遊んだりできること（第31条）、自由に考えることや信じることができ（第14条）、自分らしく育つことができること（第８条）などです。

③守られる権利――あらゆる形の虐待、放置、搾取などから守られること（第19条）、とくに、経済的に搾取されたり教育の妨げとなったりするような危険な仕事から守られること（第32条）、性的に搾取されることのないよう守られること（第34条）、誘拐されたり売買されたりすることのないよう守られること（第35条）などです。子どもは身体や心が大きく発達する過程にあり、その弱さゆえに、都合よく使われたり虐待されたりされやすい立場に

あります。子どもの権利を守る責任は、親や保護者、政府にあるとされています。

④参加する権利——自由に意見をあらわしたり（第13条）、仲間を集めてグループをつくったり、自由に活動をしたりできること（第15条）などです。

そのほか、とくに子どもの権利を侵害する危険性が高い子ども兵士と子ども買春については、取り組みを強化するための選択議定書*が定められています。

子どもの権利条約では、子どもは単に守られるだけの弱い存在ではなく、社会の一員として意見を述べ、行動し、参加することを認めています。それまでの長い歴史の中で、子どもはどちらかというと一人前の人間になる前の未熟な存在として扱われてきました。自分の力では生きていくすべを持たないので、そのために生きるために必要なものをおとなから与えてもらわなければならないだけでなく、考えていることも未熟だとされ、たとえその考えや主張が正当なものであっても、「子ども扱い」されてきたといえます。その点、子どもの権利条約では、子どもがおとなと同じように自由に意見を述べたり自由な考えに基づいて行動したりすることが認められています。これ

選択議定書：条約を実施する中で、もっと強めたり、補ったりした方がよいと思われる内容をまとめたもの。武力紛争から子どもを守るために、兵士になることができる最低年齢を18歳に引き上げることや、子どもを性的に搾取する買春やポルノを禁止し、違反した人の取り締まりを強化することなどを定めている。

は歴史上はじめてのことで、とても画期的なことでした。

子どもの権利条約でこれらの権利が認められているからといって、それを実現することはかならずしも簡単ではありません。子どもを「子ども扱い」したり、子どもに権利を与えるとわがままになってしまうのではないかと考えるなど、子どもの意見を十分に聞きいれないおとなの態度が障害になるような場面もたくさんあるように思います。

ですから、子どもに「子どもの権利」を教えることはとても重要なことです。子どもたちが搾取され、虐待を受けたことは自分のせいではないこと、子どもはおとなに利用されたり虐待されたりすべきではないこと、安心して健康的な生活を送れるように守られるべきであることなどを、ていねいにくり返し伝えていく必要があります。「子どもの権利」を知った子どもたちは、自信と尊厳を取り戻し、権利が自分たちを守る武器となることを理解し、それをほかの子どもたちにも伝えようとしています。おとなも子どもの権利を理解し、それを実現するための責任を果たしていかなければなりません。

児童労働に関する国際的なきまり

児童労働を制限したり、働く現場で子どもを守ったりするための法律は、いくつかの国で古くからつくられてきました。産業革命によって工業が発展しはじめたイギリスでは1802年に、ドイツでは1839年に、フランスでは1841年にそれぞれ「工場法」が制定され、工場での労働時間の制限や児童労働の最低年齢が決められました。

ILOではじめて児童労働にかかわる国際的なきまり（条約）ができたのは1919年のことです。この年の総会で「工業に使用し得る児童の最低年齢を定むる条約（第5号）」を採択したのを皮切りに、以後、海上労働、農業、鉱山などの産業別・職業別に子どもの労働を禁止・制限する条約をつくってきました。これらはすべて別々の条約だったので、これを児童労働の視点からまとめたものが、後で紹介する1973年の「最低年齢条約*（第138号）」です。

児童労働に関する国際法としてもう一つ関連が深いのが、1930年の「強制労働条約（第29号）」です。これはとくに子どもを対象にしたものでは

*最低年齢条約：正式名「就業が認められるための最低年齢に関する条約」、ILO第138号条約、1973年採択

ありませんが、年齢に関係なくすべての人が債務労働など奴隷のように働かされることを禁止したもので、ＩＬＯ条約の中でもとくにたくさんの国が批准している条約です。

最低年齢条約は、その名のとおり働きはじめることができる年齢を定めたもので、児童労働の禁止や子どもの保護を目的としています。仕事に就くことができる最低の年齢を義務教育を終えた年齢と決めて、15歳を下回ってはならないとしています。しかし、開発途上国についてはさしあたり14歳とすることも認められます。また、軽い労働については、13歳以上であれば子どもでも仕事に就くことができることになっています（開発途上国のばあいには12歳以上）。この条約は多くの産業に適用されますが、学校やその他の訓練による労働には適用されません。日本はこの条約を２０００年6月に批准しました。ＩＬＯ加盟国は１８０ヵ国（２００７年1月現在）で、そのうち１４９ヵ国（２００７年5月現在）がこの条約を批准しています。

「最低年齢条約」から26年後の１９９９年、ＩＬＯ総会で「最悪の形態の児童労働条約（第１８２号）」*が採択されました。

１９９９年にＩＬＯ総会で全会一致で採択されたこの条約は、その後、Ｉ

最悪の形態の児童労働条約：正式名「最悪の形態の児童労働の禁止及び撤廃のための即時の行動に関する条約」、ＩＬＯ第１８２号条約、１９９９年採択

LOの条約としては記録的なスピードでたくさんの国が批准しました。条約が採択されてからある一定期間に批准した国がいままでで一番多い条約となりました。この条約に定められた「最悪の形態」は、「このようなもっとも過酷で許しがたい児童労働からなくしていこう」という国際的な認識の表れであり、児童労働をなくしていくための新たな流れをつくることになりました。2007年5月現在、163カ国が批准しています。

この条約では、きわめて危険な状況の中で働かされている子どもたちは、すぐにその仕事をやめさせなければならないこと、そのためにすぐに行動をとることを促《うなが》しています。この条約を批准した国は、違反したおとなに対しての罰則規定を含め、条約がしっかりと実施されるように国内での法律を整備し、対策を立てなくてはなりません。

とくに対策が求められているのはつぎの点です。まず、子どもを児童労働から引きはなし、元の社会に戻すこと。そして、児童労働によって受けた心身の傷からの回復をはかり、基礎的な教育や職業訓練を受ける機会をつくること。とくに危険にさらされている子どもや女子に重点を置いたケアをおこなうことです。

また、この条約は、貧しい国が取り組みをおこなうためには「国際協力を通じた支援」が必要であることも認めています。日本はこの条約を２００１年６月に批准しました。つまり、日本も児童労働への取り組みに協力することを約束しているのです。

働く人のための国際的なきまり〜ＩＬＯ宣言

ＩＬＯにはたくさんの条約がありますが、働く人たちを守るために、もっとも基本的な分野を４つ定めました。それは、①労働組合をつくる自由と、組合が交渉をする権利、②あらゆる形の強制労働の禁止、③児童労働をなくすこと、④人を雇うときの差別や職業による差別をなくすこと、です。これまでにもこの４つの分野に関する条約はありましたが、批准していない国は守る義務がありませんでした。しかし１９９８年のＩＬＯ総会で、批准をしていない国にもこの４つの分野に関わる条約を尊重することを求める宣言が採択されました。これが、１９９８年の「基本的原則及び権利に関するＩＬＯ宣言」です。この、すべての国が守るべき8つの条約の中に、児童労働に関する第１８２号と第１３８号条約は２つとも含まれています。子どもを働かせてはいけないということは、労働に関する基本的な原則なのです。

日本の児童買春・ポルノ禁止法

条約に定められていることを実現していくためには、それを批准した国がそれぞれの国で法律を設け、具体的な行動計画をつくって取り組んでいかなければなりません。

１９９６年にスウェーデンのストックホルムで開催された「第１回児童の商業的性的搾取に反対する世界会議」で、日本人によるアジアでの児童買春や日本製の児童ポルノの世界的な大量流通がきびしく批判されました。それをきっかけに、日本では、児童買春・児童ポルノを取り締まることを目的とした「児童買春・ポルノ禁止法」*が１９９９年の５月に制定されました。これにより、児童買春、児童ポルノが、子どもの権利を侵害する重大な問題であるとして国内でも認識されるようになりました。

児童買春・ポルノ禁止法：正式名「児童買春、児童ポルノにかかわる行為などの処罰及び児童の保護などに関する法律」99年施行。日本国民が、国内と海外でおこなった児童買春やポルノによって子どもの性を売買することを実刑つきで禁じた法律。刑法の強制わいせつ罪などは被害者からの告訴が必要だが、この法律では被害者からの訴えがなくても警察が摘発できる。

この法律ができたことにより、児童買春をした人、それをあっせんまたは勧誘した人、児童ポルノを販売、配布、展示した人、買春目的で子どもを売買した人を処罰できるようになりました。

外国で児童買春をおこなう人の処罰や取り締まりも、外国の捜査機関との協力で進められるようになりました。被害を受けた子どもを保護して、心身の回復のための必要なケアを提供しなければならないことも定められています。

アフリカの人身売買に関する多国間協定

アフリカでは、多くの子どもたちが人身売買の犠牲になり児童労働者として働かされていますが、正確な統計はなく、どのくらいの人が被害にあっているのかを知るのはとてもむずかしくなっています。アフリカでは、働くために移住する伝統的な習慣があり、また、紛争による国の荒廃、貧困が原因となっているという特徴があります。

２００６年７月、西アフリカと中央アフリカの26ヵ国の政府が、女性と子どもの人身売買への対策を「多国間協定」※としてまとめました。この協定は、西アフリカと中央アフリカ地域のすべての国を対象として、女性と子どもの人身売買に対策をとるよう求めています。また、多国間協定にもとづいて地域行動計画もまとめられました。この中では、協定に参加するアフリカの国ぐにが女性と子どもの人身売買に対する法律を国ごとに整えることが計画されていて、国際機関などがそれを支援をすることが決められました。

現実には、このような約束を実際にどのように実現していくかがこれからの課題ですが、アフリカの26ヵ国が足並みをそろえたことで、歴史的な大きな一歩を踏み出しました。

アメリカの児童労働を禁止する貿易のルール

児童労働禁止への取り組みを貿易のルールの中に取り入れている国もあります。アメリカでは、強制労働によってつくられたものの輸入を禁止する法律が1930年に制定されました。＊この法律はその後改正を重ね、2000年には児童労働がかかわった製品もはっきりと輸入禁止の対象と

多国間協定：西アフリカ経済共同体（ECOWAS）、ナイジェリア政府、ナイジェリア国家人身売買及び関連問題防止機関（NAPTIP）が主催し、ナイジェリアの首都アブジャで開催されたECOWASと中部アフリカ諸国経済共同体（ECCAS）の合同閣僚会議で合意された。

関税法：原則として強制労働によってつくられた製品は輸入禁止だが、その製品がアメリカ国内で生産できない、または必要分量が確保できないばあいには例外となる。

なりました。この法律にしたがって、カカオ豆の輸入を禁止するべきだとアメリカの税関を訴えたＮＧＯ団体もあります。

さらに、経済がまだ発展途上にある国に与える貿易優遇策*の条件の中に、児童労働に関する事項を含めるという方法があります。この優遇策とは、開発途上国がある製品を先進国に輸出をするときにかかる関税*をなくしたり低くしたりすることで輸出をしやすくし、開発途上国にとって貿易が有利になるようにすることを目的としています。

アメリカは、この優遇策を使って、途上国が労働者の権利を守り、児童労働をなくすことに取り組ませようとしています。具体的には、貿易優遇策を使ってアメリカに輸出しているものが、児童労働によってつくられていたり、労働者の権利が守られていない状況でつくられていたりしたばあいには、優遇策を受けられなくなることを、１９８４年に「通商関税法」で決めました。つまり、優遇策を受けるためには児童労働禁止を徹底しなくてはならないのです。

さらに、２０００年には、その国が最悪の形態の児童労働をなくす約束を実行していることを優遇策を受けるための条件に加えました。*そのような条

貿易優遇策：ここでいう貿易優遇策は、一般恵国待遇に加え、２０００年からは環カリブ貿易パートナー協定とアフリカ成長機会法を含む。

関税：外国から輸入する貨物に対して課される税金。税関で徴収する。

貿易と開発法：２０００年

件が守られているかどうかは、アメリカ労働省が調べて報告します。条件が満たされていない状況をNGOや労働組合などがみつけた場合には、アメリカ政府へ申し立てることができる仕組みもあります。

また、アメリカの連邦政府機関が使用するものを買うときのルールとして、児童労働や強制労働でつくられたものは買わないという大統領命令も出されています。＊

このようにアメリカは、貿易や取り引きのルールに児童労働を関連づけることによって、児童労働をなくそうとする貿易相手国の意欲の向上をはかっています。貿易のルールを使って児童労働をなくしていこうという取り組み方も、世界の大きな経済の仕組みの中でできることの一つです。

＊大統領（行政）命令：13126号。正式名「強制、契約児童労働により生産された製品の調達の禁止令」（仮訳）連邦政府機関が強制労働・児童労働でつくられたものを調達することを原則禁止している。労働省が禁止製品と国のリストを更新する役目を果たしている。ミャンマーのえび、竹、米やパイナップル、パキスタンのレンガなどがリストに上がっている。

第8章
声を上げる子どもたち、そして世界が動き出した

スマン君の問いかけ

２００６年６月、アムネスティ・インターナショナル日本の招待でインドからスマン君が日本にやって来ました。

24ページで紹介したスマン君は、子どもの保護施設「バル・アシュラム」で生活し、多くの働く子どもたちに出会ってから、自分が受けていたような不当な暴力や虐待をほかのおおぜいの子どもたちも受けていて、心にも身体にも深い傷を負っているということ、子どもには学んだり遊んだりする権利があるということを知ったといいます。その後は子どもの活動家としてさまざまな活動に参加してきました。

「児童労働反対世界デー」のイベント*で国連大学の国際会議場の壇上から、スマン君はおおぜいの聴衆に向かってこう問いかけました。

「いまでも世界中で働かされているおおぜいの子どもたちを代表して、みなさんにたずねたいことがあります。ぼくたちはいつまでこのように働きつづけなければならないのでしょうか。子どものときから働いてきたぼくたちは、いつになったら勉強すること、遊ぶこと、人としてふつうに生活するこ

＊開催団体：児童労働ネットワーク、ＮＧＯ－労働組合国際協働フォーラム、ＩＬＯ駐日事務所

とができるようになるのでしょうか。政府は何をしてくれるのでしょうか。ぼくたちはただひたすらだれかが助けてくれるのを待たなければいけないのでしょうか。貧困、貧困と、おとなはいいます。でも、貧困はおとなが子どもを働かせるための言い訳にすぎないのではないでしょうか」

スマン君のこの問いかけは、過去の自分とおなじような境遇にある子どもたちが１日でも早く過酷な労働から解放されて、子どもとして、また人間としての尊厳を取り戻すことができるよう強く求めています。その実現のためにおとなや政府にもっと努力をしてほしいという願いがこめられています。

スマン君は２００５年、アジア地域の子どもの代表として、ニューヨークで開かれた「国連サミット」にも参加しています。各国の首脳が集まり、世界が抱える問題について話し合う会議ですが、とりわけ貧困が大きなテーマでした。

この会議では、「ミレニアム開発目標」*（２０００年策定）で約束された、「２０１５年までに世界の貧困人口を半減させる」という目標の達成に、最初の５年間でどれだけ近づいたかを確認することが目的でした。

残念ながら、２００５年が期限になっていた「小学校・中学校に通う女子が男子と同じ数になるようにする」という目標は達成されず、世界の貧困レ

「ミレニアム開発目標」（ＭＤＧｓ）：２０００年９月の国連総会において、１４９ヵ国の国家元首の支持を得て採択されたもの。貧困をなくすこと、すべての子どもが小学校に通えるようになること、男女の平等、保健の改善、環境保護など８つの目標と18の目標達成分野を設定し、その実現に向けた途上国、先進国の責任を明確化した。

ベルも2000年当時とくらべて悪化したという結果*が報告されました。

スマン君は、「児童労働と貧困」について考える会合に参加し、発言しました。

「政府は貧困をなくすことについて話し合っているけれど、児童労働の問題を無視して貧困の問題を解決できるでしょうか。貧困を解決したいなら、子どもに労働させせず、教育を受けられるようにすることが必要だと思います。政府は約束したことを守るべきだと思います。政府が決めたことや計画をきちんと実行すべきです。

たくさん会議を開くことにお金をかけるのではなく、子どもの教育や貧しい人を減らすことにもっとお金を使ってください。政府は多くの予算を防衛費や軍事費に使っています。それなのに教育に使うお金はわずかです。戦争に使うお金があるなら、それを子どもの教育に使うべきです。子どもは将来の財産です」

児童労働の問題について、「貧しさがあるかぎり児童労働はなくならない」「児童労働をなくすことは無理」と思っている人はたくさんいます。しかし、「児童労働がなくせないというのは単なる言い訳だ」と、スマン君はいいます。

貧しさが児童労働の原因の一つであることは確かですが、「児童労働はなくな

* 「ミレニアム開発目標」の達成状況：目標1の極度の貧困と飢餓の撲滅については、サハラ以南のアフリカ地域で進展がないか悪化している。目標2の初等教育の完全普及については、いまと同じペースだと2015年までに目標を達成できない地域が、サハラ以南のアフリカ、東南アジア、西アジア、ヨーロッパとなっている。さらに東アフリカでは、いまのままでは進展がないかむしろ後退すると予測されている。（2006年6月現在。http://millenniumindicators.un.org）。

らない」といってしまうのは、ほんらい国家や企業、家庭が負うべき重荷を子どもたちに背負わせている現状を容認していることにほかなりません。

国際社会の一員としてミレニアム開発目標の達成に貢献するために、日本政府も基礎教育に対する支援の取り組みを進めています。２００６年に日本は、アメリカ、イギリスに次いで世界第3位を誇る援助*をおこないましたが、基礎教育に対する支援をみると、先進国22カ国中17位*という結果になっています。つまり、日本はほかの先進国に比べて教育に対する支援を十分におこなっているとはいえません。自分たちの言葉で自分たちの体験を語りはじめた子どもたちの声に、私たちはどう耳を傾け、先進国としての役割をどのように果たせばよいのでしょうか。

子どもたちがつくる労働組合

インドの首都、ニューデリーでは「バタフライズ」*というＮＧＯがストリートチルドレンを対象とした活動をおこなっています。ストリートチルドレンたちは、まるでチョウチョのように自由に飛びまわり、すぐにいなくなっ

政府開発援助：政府や政府機関が開発途上国に対し、経済開発や福祉の向上を目的におこなう援助のことをいう。国が国に対して二国間で直接的に支援する方法と、国が国際機関に対して資金を出す方法と大きく分けて2種類ある。

基礎教育に対する支援：Global Campaign for Education, School Report 2007 より。

児童労働への支援という意味でも日本政府の協力はかぎられている。たとえば、２００６年までに各国がＩＬＯの児童労働撤廃国際計画（IPEC）に拠出した援助額をみてみると、第1位のアメリカは2億ドル（約２４０億円）以上、15位のベルギーでも１２８万ドル（約15億円）、日本は56万ドル（約6億円）で、日本からの支援は大変少ない。

てしまうことから、この名前がつけられました。１９８８年にリタ・パニカさんという女性が設立しましたが、デリー市内の駅やバスターミナルで子どもたちに話しかけることから活動をはじめました。子どもたちに読み書きや計算を教える教室、ケガの手当て、子どもたちの声を発信するためのグループづくり、貯金の取り扱い、暴力を振るわれたり虐待を受けたりした子どもたちを保護するためのシェルター、子どもの権利や自分自身を守る知識を教える青空教室、働く子どもを集めた組合や新聞づくりなどの活動をおこなってきました。

組合に参加している子どもたちは2週間に1度子ども会議を開いて、仕事の情報を交換し、ギャンブルや麻薬などについて話し合い、自分たちで活動計画を立てています。

子どもたちは、靴みがき、旅行客の荷物運び、お茶くみ、食堂での給仕、くず拾いなどをしていますが、これまでおとなたちからひどい目にあってきた体験から、なかなかおとなを信用することができません。スタッフたちは、子どもたちが信頼してくれるようになるまで何度も足を運び、話を聞くことを心がけています。

バタフライズは、路上で生活したり、働いたりしている子どもたちに、学ぶ機会を提供している。駅やバスターミナルなど働く子どもたちが集まって来やすい場所で青空教室が開かれる（インド、オールドデリー）

はじめから子どもたち自身が計画づくりに加わったわけではありません。はじめのうちは、子どもによいだろうと思うことをスタッフたちが計画していました。ある年のこと、ディワリ（インドのお正月）をみんなで楽しもうとスタッフが花火を買う計画を立てましたが、子どもたちがほんとうにほしかったのは、冬に備えるためのセーターでした。

この違いに気づいたスタッフは、これ以降、子どもたちが計画の段階から参加することを重視するようになったといいます。

このバタフライズの活動に参加する子どもたちに出会ったのは、1997年に国際子ども権利センターが実施したスタディーツアーのときです。子どもたち十数人と会い、いつもこっそり入って遊ぶという公園の芝生の上でハンカチ落としをして一緒に遊んだ後、子どもたちの話を聞きました。

子どもたちは打ち解けて、困っていることや楽しみにしていること、将来何になりたいのかなどを自由に話してくれました。私たちが「私たちに何か聞きたいことはある?」と質問すると、ある子どもが、「日本の子どもは何をして働いているの?」と聞いてきました。このとき私たちはみなハッとしました。私たちがふだん、子どもは学校に行くものだと考えているのと同じ

青空教室に集まってきた子どもたち

ように、働いている子どもは「子どもは働くのが当たり前」と思っているのだと気づいたからです。このことは働いている子どもの考えや世界観を知る貴重な経験となりました。

子どもたちの声をまとめた「クンダプール宣言」

働く子どもが集まって自分たちの問題を話し合ったり発信したりするＮＧＯはバタフライズだけではありません。１９９６年、インドのクンダプールで「第1回働く子どもの世界会議」が開催されました。この会議はＣＷＣ（Concerned for Working Children）というＮＧＯが開いたもので、会議では働く子どもたちの権利が話し合われました。子どもたちが働く必要がない社会を実現することが重要なのですが、すぐに実現できるほど簡単なことではありません。そこで、子どもたちが働きながらも権利がきちんと守られ、社会に参加できるようになることが大切だという考え方から会議の宣言がまとめられました。

この「クンダプール宣言」には、アジア、アフリカ、ラテンアメリカの働く子どもの組織を代表した29人の子どもたちの声がまとめられました。

クンダプール宣言

ぼく／私たち働く子どもたちは、以下のことを要求する。

- ぼく／私たちの問題やぼく／私たちの提案すること、ぼく／私たちが労働組合をつくってきたことを理解してほしい。
- 子どもたちがつくった商品をボイコット（不買運動）するのはやめてほしい。
- ぼく／私たちとぼく／私たちがする仕事に対して敬意を払い、安全に働くことができるようにしてほしい。
- ぼく／私たちの現実に合うような内容と方法の教育制度にしてほしい。
- ぼく／私たちの現実と能力に合うような職業訓練をしてほしい。
- ぼく／私たちが医療を受けられるようにしてほしい。
- ぼく／私たちに関係するすべての決定をおこなうにあたっては、地域、国、国際的なレベルでぼく／私たちに相談してほしい。
- ぼく／私たちが働かなければならない根本的な原因、とくに貧困に対して取り組んでほしい。

- 子どもが都市へ出稼ぎに行かなくてもすむように農村開発に力を入れてほしい。
- 仕事場での搾取には反対するが、教育や遊びの時間を持てるのであれば、人として尊厳を保てるような仕事については認めてほしい。

この宣言が意義深いのは、子どもの組織を代表した子どもたち自身が話し合って合意した内容だということです。この宣言文には、参加の権利、意見を述べる権利、聞いてもらう権利、守られる権利などが盛り込まれています。お互いの考えや要求を話し合うことができる場があり、そこで宣言文をつくることができたことは、働く子どもたちにとっても宣言文を読む世界中のすべての人にとってもすばらしいことです。

子どもたち自身がこうしてつながってお互いの意見を交換し合ったり、困ったことを話し合ったりする機会があること、つまり、「連帯」することで、子どもたちの声を世界に届けることができます。

みなさんの中には、「クンダプール宣言」を読んで疑問を持った方がいるかもしれません。この宣言では、「子どもたちを働かせないでほしい」とはいっていません。「搾取は反対だが、人として尊厳を保てるような仕事は認めてほしい」といっています。また、「子どもがつくった商品をボイコットしないでほしい」ともいっています。働かなければ自分や家族の収入がなくなって困ってしまうかもしれないという子どもたち自身の心配がこの宣言に現われているのです。

おとなが働いて家族を養えるだけの収入を得ることができる社会をつくらなければなりませんが、それができていない状況で、児童労働の商品をただボイコットするだけでは問題の解決にはなりません。そこで働く子どもたちが守られるようにするための具体的な方法を考えていかなければ、仕事を追われた子どもたちの境遇はもっと悪い方向に進んでしまう可能性もあります。

児童労働をなくしていくための取り組みにはさまざまな意見ややり方があります。もっとも大切なことは、子どもたちの希望にきちんと耳を傾けること、子どもたちにとってよいこととは何か、そして子どもたちが置かれている状況を一つ一つ改善していくために必要なこととは何か、そして私たちにできることとは何かを考えて行動に移していくことです。

児童労働世界子ども会議

クンダプール宣言の会議のほかにも、子どもたちが世界に向けて声を上げる会議が開かれています。イタリアのフィレンツェで「児童労働世界子ども会議」（２００４年5月10日〜13日）が開催されました。「児童労働に反対するグローバルマーチ」というネットワーク団体が主催したこの会議の目的は、子どもたちが国を越えて集まり、児童労働の問題を話し合い、解決策を考えることでした。およそ50カ国から２５０人の子どもたちが集まりました。

この会議には日本からも３人の高校３年生が参加しました。一般公募で参加者を募った「代表選考合宿」に参加した中学生、高校生34人の中から子どもたち自身の投票で選ばれた2名と、子どもが主体となって活動している団体「フリー・ザ・チルドレン・ジャパン」からの代表1名が派遣されました。

この会議でも子どもたちは最後に宣言を採択しました。東アジア代表とし

会議の様子

て、宣言書作成委員の15人の1人となった代田さんは、「宣言書には『私たちは現在であり、私たちの声は未来である』という題名がつけられました。子どもはよく、『次の世代の担い手である』といわれます、しかし、子どもたちは、いまを生きています。この地球に生きる、おとなとおなじひとりの人間なのです。そして、私たちの声が未来をつくっていくのです」と宣言書の理念を報告しています。

宣言には大きく分けてつぎの4つのテーマがまとめられました。

①会議が開かれるまでのあゆみ
②政府へ訴えたいこと
③親へ訴えたいこと
④私たちができること

宣言書のはじめに会議が開かれるまでの経緯を書いたことには、とても重要な意味があります。そこには「宣言書に盛り込まれた意見や思いは、たくさんの人たちがこの会議で出会い、対話することを通して考えや経験を分かち合うことではじめて生まれたものです。私たちは、その熱い思いをくみ取ってほしかったのです」と記されています。

閉会式で宣言書を読み上げる、各国の代表と代田さん（2005年9月、第2回目の会議にて）

やはり代表のひとりだった長谷川君は、「児童労働をなくすために一番大切なこと。それはとても単純なことです。未来をこれからつくっていく子どもが声を上げることと、その声によって世界が子どもの力、世界を変える力を認識することです」と話していました。

この会議の最終日、フィレンツェの街を参加者が行進し、児童労働をなくそうとアピールしました。日本から参加した３人は浴衣と袴姿でフィレンツェの街を歩き、注目を浴びました。「児童労働世界子ども会議」は翌年の２００５年９月にインドで第２回会議がおこなわれ、国や言葉の違いを超えて対話し、共感し、行動する子どもたちのネットワークになっています。

フリー・ザ・チルドレンの取り組み

児童労働問題について声を上げているのは、働く子どもたち自身だけではありません。１９９５年、児童労働の問題に関心を持ってほしいと呼びかける活動をはじめた少年がいました。カナダ人のクレイグ君は12歳のとき、パキスタンのカーペット工場で過酷な労働を強《し》いられたイクバル・マシー君

フィレンツェの街をマーチする子どもたち（２００４年５月）

（当時12歳）が殺害されたという記事を目にしました。この出来事はクレイグ君の気持ちを大きく動かしました。

イクバル君はカーペット工場で酷使されていましたが、地元のＮＧＯによって救出されました。その後、工場内での虐待の体験を語り、児童労働の現状を告発する子どもの活動家として一躍脚光を浴びるようになりました。

しかし、その活動をよく思わない何者かによって、イクバル君は殺されてしまったのです。イクバル君を助けた地元のＮＧＯもパキスタン政府から激しい弾圧を受け、スタッフは海外へ亡命して難を逃れました。

朝から晩まで毎日働かされ、そのあげくに殺されてしまった自分と同い年の子どもがいたことに、クレイグ君は強いショックを受けました。なぜ子どもが学校にも行けず休む時間もなく働かなければいけないのか、働く子どもたちは何を感じ、どんな思いで日々を過ごしているのか。

きびしい環境で働き、苦しい思いをしている子どもの問題や子どもの権利についてクレイグ君は考えるようになりました。その後、インドを訪問し、働く子どもたちと交流することができたクレイグ君は、フリー・ザ・チルドレンと名づけたＮＧＯを設立し、子どもの視点から児童労働の問題に取り組

フリー・ザ・チルドレンを立ち上げたクレイグ君を紹介した本

む活動をはじめました。

自宅の一部屋を事務所にして、家族と数人のクラスメイトではじめた活動は、少しずつその輪が世界に広がり、12年後のいまでは日本を含む30カ国以上にネットワークを持つ国際組織になっています。カナダでは有給スタッフが働き、トロント中心街にオフィスを構えるほどになりました。「Ｋｉｄｓ Ｃａｎ！（子どもだからこそできるんだ！）」をモットーに、これまでに世界中の子どもたち10万人以上が「子どもの代弁者」として声を上げ、さまざまな活動を展開しています。

日本でも、１９９９年にフリー・ザ・チルドレン・ジャパン（ＦＴＣＪ）がスタートし、中学生、高校生などがメンバーになっています。グループで活動している人、ひとりで活動している人など活動の形態はさまざまです。活動内容もメンバー自身が決めています。

「問題に取り組むためには、知識が武器になる」とクレイグ君はいっています。フリー・ザ・チルドレン・ジャパンのメンバーの中にも、本や勉強会で児童労働の現状を知ることからはじめる人がいれば、海外へのスタディーツアーに参加する人もいます。ほかのメンバーたちも、学んだことを周りの

日本から運んだ文房具を支援先の子どもたちに配布するフリー・ザ・チルドレンの高校生メンバー（２００７年３月、フィリピンスタディツアーにて）

人たちに伝えるさまざまな活動（スピーチ、コンサート、ワークショップ、勉強会、写真展、討論会、ウォークなど）を企画・運営したり、児童労働から解放された子どもの支援のために募金活動や署名活動をおこなったりと、自分のペースで自分にできることに取り組んでいます。

児童労働に反対するグローバルマーチ

子どもたち自身の取り組みを含め、世界ではたくさんのＮＧＯなどが活動をしています。中でも児童労働問題に関する最大のネットワーク組織が、児童労働に反対するグローバルマーチです。このグローバルマーチは、いまではネットワーク名として定着していますが、元々は１９９８年におこなわれた一大ムーブメントの名称です。このムーブメントは世界中に児童労働問題の存在を発信したとても大きなものでした。

児童労働に反対するグローバルマーチが１９９８年に開催されるということを私たちが知ったのは１９９７年でした。当時グローバルマーチが掲げていた使命は、

「世界中の子どもたちの権利を認め、それを守るために必要な努力が世界中でなされるように呼びかけ、世界を動かそう。その権利の中でもとくに無償で子どものためになる教育を受ける権利、経済的搾取から解放される権利、肉体的、精神的発達をさまたげられたり、道徳心、社会性を失ってしまうような仕事からも解放される権利を守ることを広めよう」

というものでした。当時は世界的にみても児童労働の問題がまだ十分に理解されていなかったため、その存在自体を認めないような態度をとる国や、貧しいのだから仕方がないと発言するような国もありました。

そのような状況の中、インドで児童労働に取り組んでいた活動家、カイラシュ・サティヤルティさんが中心となって世界中のＮＧＯや労働組合などに協力を呼びかけて、６ヵ月間、世界各地でマーチ（行進）をおこないました。働いていた子どもたちと一緒になって、「児童労働をやめよう！」「子どもたちを学校へ！」と通りに出て声を張り上げたのです。最終的には、世界１０７ヵ国の１１００団体以上が協力をして、５大陸、８万キロを行進しました。クリントン米国大統領（当時）やアナン国連事務総長（当時）などからも応援メッセージを受けました。私たちもインドやブラジル、スイスの

グローバルマーチの行進ルート

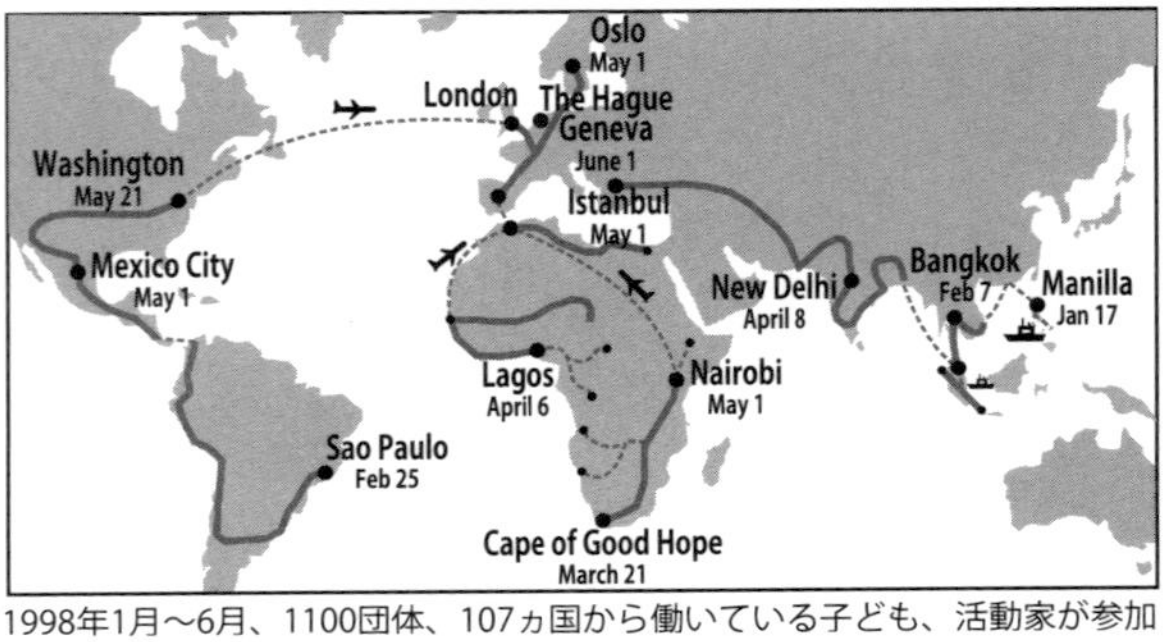

1998年1月～6月、1100団体、107ヵ国から働いている子ども、活動家が参加

マーチに参加したほか、このマーチに連帯を示す形で日本でも１９９８年５月に大阪と東京でマーチをおこないました。日本では、合計３００人ほどが参加し、メディアにも取り上げられました。

　このグローバルマーチの最終地点が、スイスのジュネーブでした。アジア、アフリカ、南北アメリカ、ヨーロッパから集まった人たちが最終的にこの地をゴールとしたのには理由がありました。この年、ジュネーブに本部を置くＩＬＯの総会で、児童労働についての新しい条約について話し合われることになっていたのです。

　総会に出席するのは政府、労働者、使用者の代表で、これまでＮＧＯが参加したことはありませんでした。しかし、このときＩＬＯ史上はじめて、総会の開会式に子どもたちが参加したのです。金色に光る会議場の壁をバックに、カラフルなプラカードやバナーを持ち、Ｔシャツというラフな服装の子どもたちが壇上に並びました。「ゴーゴー、グローバルマーチ！」という掛け声は、客席側の各国代表に向かって響きわたりました。話し合いではカイラシュさんが意見を述べました。このような子どもや市民の動きは、条約の内容や採択に大きな影響をおよぼしたのです。この条約はつぎの年、「最

生活

国際問題の原点がそこにある

グローバルマーチ

世界から"共感コール"

産経新聞（大阪版）、１９９８年4月30日

悪の形態の児童労働条約」としてＩＬＯ総会で全会一致で採択されました。

はじめにグローバルマーチの計画を聞いたときは、「そんな夢のようなことはできっこない」と思った人もいたそうです。しかし、子どもたちの権利を守るために世界中の人が一つになって声を上げることで、政府や国際機関などが真剣に取り組むように世論を動かすという夢のような計画が実現したのです。

このような世界的なネットワークは、人びとの関心を高めるだけでなく、国や国際社会に適切な政策や行動を求めるときに力を発揮します。日本でも２００４年に児童労働ネットワークが発足し、ＮＧＯ・労働組合などが参加して毎年キャンペーンをおこなっています。

ワールドカップキャンペーン２００２〜世界から児童労働をキックアウト！

２００２年に日本と韓国の共催でワールドカップが開催されました。ワールドカップは、世界の３分の２の人が関心を持つという世界の一大イベントです。この注目を集めるサッカーというスポーツが児童労働に深くかかわっ

ＩＬＯ総会の会議場で、最悪の形態の児童労働の撤廃を訴えるグローバルマーチの子どもたち（１９９８年６月）

ているということで、スポーツ産業から児童労働をなくすことをめざすために、サッカーワールドカップにちなんだ児童労働キャンペーンをおこなうことになりました。開催国日本でキャンペーン開始の記者会見を開きたい、という連絡が児童労働に反対するグローバルマーチからわたしたちのもとに入りました。その２週間後の２００１年５月31日、アジア初のサッカーワールドカップ大会が開幕するちょうど1年前の日に、サッカーボールをつくる仕事をしていたソニアさん（当時15歳）、グローバルマーチ代表のカイラシュ氏をインドから迎え、このキャンペーンの事務局２人の日本人スタッフと一緒に、キャンペーン開始の記念記者会見を開きました。

サッカーを通じて世界の児童労働問題を知ってもらうために、世界の児童労働の実態やサッカーボール産業の取り組みなどをまとめたブックレットやパンフレットを作成し、キャンペーンの存在や意図を広めていきました。

キャンペーンの期間中には、子どものためのワークショップ、全国キャラバン（出張講演）、ワールドカップマーチ、チャリティ・フットサル大会などたくさんの啓発のためのイベントを開催しました。フットサル大会で集まった参加費をもとに、インドでサッカーボールを縫う仕事をしている子ど

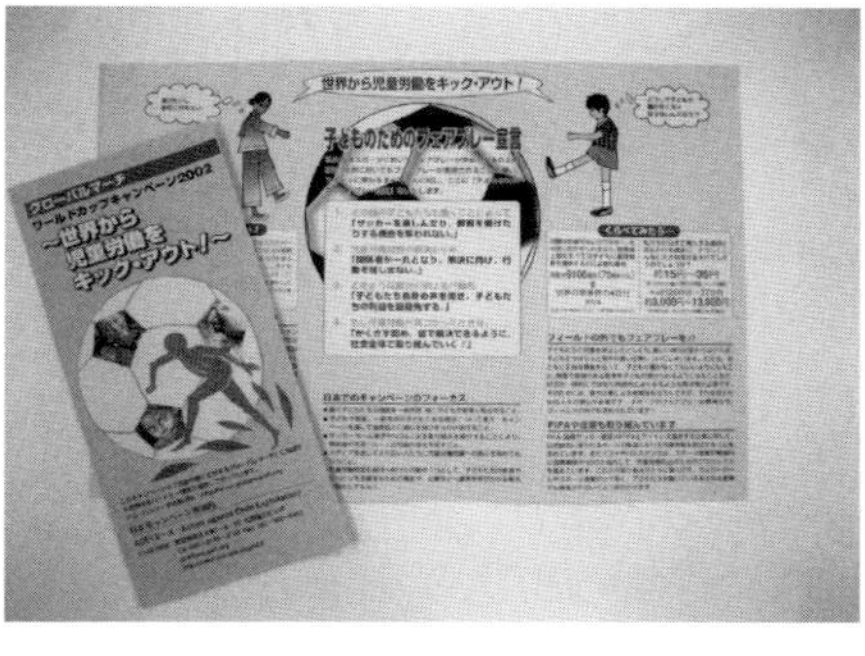

ワールドカップキャンペーンのパンフレット

ブックレットをつくってサッカーボールをつくる子どもたちの現状とサッカーボール産業の取り組みを伝えた

もたちがいる村への支援を開始することができました。さらに、サッカー関係者への働きかけをおこなうために、子どものためのフェアプレー宣言を作成し、署名を集めました。キャンペーン中に９００人分の署名が集まりました。子どもたちの代表がそれを日本サッカー協会など関連する団体へ持っていき、日本でも取り組みに協力してもらうようにお願いしました。

記者会見から２００２年10月までの間にイベントに直接参加した人は約２０００人以上、新聞、雑誌、テレビ、ラジオなどに報道された件数は56件にのぼり、たいへん大きな反響のあるキャンペーンとなりました。

児童労働反対世界デー

児童労働が世界的な問題であるというメッセージを発信する取り組みは世界に広がってきています。２００２年にＩＬＯが６月12日を「児童労働反対世界デー」*と定めました。この日は「最悪の形態の児童労働条約」が採択された日でもあり、毎年、世界中でこの日を記念したさまざまな取り組みがおこなわれるようになりました。日本でも、２００２年のワールドカッ

フェアプレー宣言を読み上げる子どもたち

６月12日児童労働反対世界デーを推進するＩＬＯキャンペーンのシンボルマークのかざぐるま

プキャンペーン中に、ＩＬＯ駐日事務所、連合、ワールドカップキャンペーン実行委員会が共同でユースワークショップｉｎ横浜を開いたのをきっかけに、毎年イベントが開かれるようになりました。２００３年は人身売買、２００４年は家事使用人、２００５年は鉱山での児童労働といったように、毎年その年のテーマに合わせた内容のイベントが開催されています。

日本での活動は年々広がりつつあります。２００６年には5月から6月の1カ月半の間に「なくそう!世界の児童労働」キャンペーンを展開し、東京を中心に講演会や映画の上映会、写真展などを開催しました。このキャンペーンはＡＣＥなど児童労働に取り組むＮＧＯや労働組合、個人の連合体である児童労働ネットワークが企画しました。アムネスティインターナショナル日本の招きにより、インドからカイラシュ・サティヤルティさんとスマン君が来日し、児童労働をなくしていくことの必要性を強く訴えました。また、東京と大阪では、グローバルマーチのような行進を２００５年にも引きつづきおこないました。東京では、小雨の降る天気の中、前年を上回る約２５０人が参加しました。

２００７年は農業における児童労働がテーマとなりました。児童労働

児童労働反対世界デー・キャンペーン２００７のちらし

２００７年のキャンペーンで作成した缶バッジ

児童労働反対世界デーキャンペーンのウェブサイト
http:www.stopchildlabour.jp

ネットワークが中心となってキャンペーンを企画し、ＩＬＯ駐日事務所やＮＧＯ－労働組合国際協働フォーラム*などと連携して映画上映会やウォークをおこないました。

活動が活発になるにつれて、日本のテレビや新聞などのメディアでも児童労働についての報道が増えはじめ、児童労働問題について関心を持つ人が増えてきています。２００２年のワールドカップキャンペーンでは１年間に２０００人が参加しましたが、２００６年のキャンペーンでは１カ月半に７０００人がさまざまなイベントに参加しました。こうした啓発活動を、児童労働をなくしていくための日本の市民や企業などの取り組みにつなげていくことが大切です。

＊ＮＧＯ－労働組合国際協働フォーラム：ＮＧＯと労働組合がミレニアム開発目標の達成に向けて活動しているフォーラム。

2005年のウォークの写真。
東京、表参道

児童労働反対世界デー・ウォーク2005
～子どもの未来のために、声をあげよう～
主催：児童労働ネットワーク
STOP!
児童労働

第9章
私たちにできること

児童労働について学んでみよう

児童労働について学ぶことは、私たちが児童労働についてできることの第一歩です。学校や地域の公民館などで勉強会を開いたり映像を見たりして世界の子どもたちの現実と自分たちの生活のつながりを考え、学んだことを周りの人に伝えていくことで、児童労働や子どもたちを取り巻く問題への理解が深まり、解決へとつながっていくのです。

実際、その取り組みをおこなった、神奈川学園高校2年A組のみなさんは、コーヒー産業を通して児童労働を取り巻く問題についてクラスのみんなで調べて、文化祭で発表しました。ここではその取り組みについて紹介したいと思います。

2年A組では、まずホームルームの時間を利用して児童労働についてのビデオを見て、働く子どもたちの現状を学びました。その後、夏休みを利用して、グループに分かれていろいろなNGO団体やフェアトレードのコーヒー豆販売に積極的なコーヒー会社などを訪問して、児童労働やフェアトレード、世界の子どもたちのことについて情報を集めました。暑い中、学校の外に出てNGOや企業を訪問して話を聞き、クラスで友だちと話し合ううちに、A組のみなさんは、児童労働の問題の複雑さや世界の子どもたちの現実の重さを感じ取っていきます。はじめはあまり興味を持たない生徒もいましたが、このころには彼らも熱心に取り組むようになっていました。さらにACEに講師を依頼して学校でワークショップをおこなったりして、児童労働への理解をいっそう深めていきます。

こうして学んだことを発表する機会が訪れました。学校の文化祭です。文化祭に訪れたお客さんに少しでも児童労働や世界の子どもたちのことについて知ってもらいたいという気持ちで、調べたことをまとめて展示し、当日は集まったお客さんの前で熱をこめて訴えました。その結果A組の熱心な発表と展示は高く評価され、その年の神奈川学園の文化祭で一番よい発表だったとして、校長賞を受賞したのです。

このように、自分たちが学ぶことで、ほかの人たちに問題やできることを伝えていくことができます。

授業でおこなわれたワークショップで児童労働について学ぶ2年A組のみなさん

自分で伝えてみよう：友だちや周りの人に話す、イベントを企画して伝える

児童労働について学んだことを自分の周りの人に伝えていくのも、大切なことです。はじめは勇気がいるかもしれませんが、行動してみると意外に多くの人が興味を持ってくれたり、協力してくれたりして、いままでにはなかった人とのつながりが生まれていきます。また、学校、職場などで児童労働について学習するためのイベントを開催することもできます。たとえば、ＮＴＴの労働組合では、２００４年から児童労働撲滅を呼びかけるキャンペーンを独自におこなっています。日本国内での啓発イベントや現地を視察するスタディーツアーなどを主催しているのです。こうした活動により、これまで児童労働について知らなかった人が児童労働や途上国の現状について理解を深め、それをまた周囲の人たちに伝えていく、というように、小さな輪がたくさん生まれてきています。

ＮＴＴ労働組合のスタディツアーで、フィリピンの子どもたちに話を聞く参加者（２００７年４月）、（写真提供・ＮＴＴ労働組合）

キャンペーンに参加してみよう

日本では、６月12日の児童労働反対デーに合わせて、ＮＧＯやＩＬＯが共同で啓発キャンペーンを実施しています。キャンペーンの目的は、たくさんの人たちに児童労働の問題について知ってもらい、行動を起こしてもらうことです。そのためにセミナーや講演会や展示などの情報提供のための企画をおこなっています。こうした啓発キャンペーンのイベントに足を運んだり、自分でイベントや勉強会の企画にボランティアとして参加したりすることで、児童労働の問題を周囲の人たちに伝えることができます。

日本政府に働きかけよう

日本政府に対して、現在政府がおこなっている開発途上国の子どもたちへの支援をもっと充実するよう、要求の声を届けることもできます。

世界の約１５０カ国のＮＧＯ、教職員組合が参加する「教育のためのグローバルキャンペーン」*では、世界中のすべての子どもたちが教育を受けら

* 「教育のためのグローバルキャンペーン：ウェブサイト（英語）http://www.campaignforeducation.org
日本では「世界中の子どもに教育をキャンペーン」として、ＡＣＥ、オックスファム・ジャパン、教育協力ＮＧＯネットワーク、日本教職員組合、フリー・ザ・チルドレン・ジャパンが実行委員会を構成し、２００３年から毎年実施している。２００７年の活動報告は http://jnne.org/report20070426.html

れるよう呼びかけるため、毎年4月の1週間、啓発と政策提言のキャンペーンを世界同時に実施しています。２００７年*は、子どもたちの教育を願う人々のメッセージをひと形のカードに書いてつなげた「人間の鎖」をつくりました。これはインターネット上でも世界中の人と手をつなぐことができるように表示される画期的な仕組みで、世界で4万人以上の人が参加しました。日本で集められた紙とインターネットでの１０７１人分のメッセージは、麻生外務大臣（当時）に手渡されました。その後この鎖はドイツに送られ、世界の主要8ヵ国の首脳が集まるG8サミットでのＮＧＯのアピール活動に使われました。ひとりの声は小さくても、このように国境を越えてたくさんの声を集めれば、大きな声として国や国際社会に届けることができます。*

子どもたちの教育への願いが書かれた「人間の鎖」を日本の子どもたちが外務大臣に届けた。中央にいるのが麻生外務大臣（当時・２００７年４月）

政府へのくわしい提言内容については、教育協力ＮＧＯネットワーク http://jnne.org/ を参照。

児童労働が製品にかかわっていないか企業に問い合わせてみよう

２００６年の児童労働反対世界デーの機会に実施したキャンペーンの中で、私たちは参加者にアンケート調査をおこないました。「よく使う製品が児童労働によってつくられていることが報道されたばあいどのように行動しますか」という質問に対して「次から買わない」と答えた人と「フェアトレード商品を探す」と答えた人とをあわせると、約35％にのぼりました。また、「その会社のほかの製品も買わない」と答えた人も10％以上いました。「気にしない」と答えた人は全体の３％だけでした。子どもたちが働かされてつくった製品を買いたくないとたくさんの人が考えていることがわかります。

しかし、どの製品がほんとうに安全で安心できる環境でつくられているのか、児童労働がかかわっているのかいないのか、情報を得ることがむずかしいばあいも多くあります。日本の企業に問い合わせても、すぐに明確な答えを得ることはなかなかできません。海外で生産される品物や輸入品が多くなり、一つの製品がさまざまな国を複雑に流通するグローバル化された経済の構造では、遠い国にある原材料の生産地や取引先で何がおこなわれているのか知ることは日本の企業にとってもむずかしいからです。それでも、消費者としての意見を企業に伝えていくことは、企業を動かす大きな力になります。商品をつくったり販売したりする企業も、消費者が求めているものを売る必要があるのですから、どのような商品を求めるかといった私たちの意見や気持ちを企業や周囲に伝えていくことが大切です。日本の企業では、環境や社会に対してどのような責任を果たしているかをまとめたCSRレポートという報告書を出すことが多くなりました。CSRレポートを企業から取り寄せて読んでみると、企業の取り組みを知ることもできます。

企業に聞けることの例

- 御社の行動規範には児童労働を禁止する方針が明記されていますか？
- 御社の製品○○の製造過程において、児童労働がないかどうか検査していますか？
- 製造を取引先に依頼している場合には、その取引先との契約の中で、児童労働を使わないことを約束していますか？
- 御社では、製造過程で使われる材料となる製品や原材料についても、それらが人権が守られた状態でつくられるように促す仕組みがありますか？
- 御社には、児童労働など労働面や社会面で問題がみつかったときに対応するための規定はありますか？

関係団体リスト
児童労働に取り組む日本の団体（50音順）

ILO駐日事務所
〒150-0001
東京都渋谷区神宮前5-53-70
国連大学本部ビル8階
TEL 03-5467-2701
URL http://www.ilo.org/public/japanese/region/asro/tokyo/index.htm
メール ilo-tokyo@ilotokyo.jp

（社）アムネスティ・インターナショナル日本
〒101-0054
東京都千代田区神田錦町2-2
共同ビル（新錦町）4F
TEL 03-3518-6777
URL http://www.amnesty.or.jp
メール info@amnesty.or.jp

（特活）ACE
〒110-0015 東京都台東区東上野1-20-9 セリジェ・メゾン瀬上401
TEL 03-3835-7555
UPL http://www.acejapan.org
メール info@acejapan.org

（特活）国際子ども権利センター
〒110-0015 東京都台東区東上野1-20-6 丸幸ビル3階
TEL 03-5817-3980

NGOの活動を支援しよう

児童労働や子どもたちへの支援をおこなうNGOも活発な活動をくり広げています。参加する方法、かかわり方はいろいろあります。

・イベントに参加する

学習会だけでなく、写真展、コンサート、スポーツ大会など、各NGOが独自のイベントをおこなっています。まず参加してみて、自分の関心、興味に合った団体を探してみましょう。（国際協力NGOセンター http:www.janic.org）

・ボランティアをする

NGOはボランティアの力を必要としています。イベントのお手伝いや事務所での事務作業など、だれでも1日だけでもできることから、翻訳、デザイン、ホームページの更新など自分の特技やスキルを活かした仕事まで、ボランティアはあらゆる場面で活躍しています。どのようなボランティアを募集しているのか、ホームページなどでチェックして問い合わせてみましょう。

URL　http://jicrc.org
メール　info@jicrc.org

（財）国際労働財団（JILAF）
〒101-0051
東京都千代田区神田神保町3-23-2
錦明ビル5F
TEL　03-3288-4188
URL　http://www.jilaf.or.jp
メール　info@jilaf.or.jp

児童労働ネットワーク（CL-Net）
〒110-0015
東京都台東区東上野1-20-9
セリジェ・メゾン瀬上401（特活）ACE内
TEL　03-3835-7555
URL　http://cl-net.org
メール　info@ cl-net.org

働く子どもの「遺産と伝説」キャンペーン（OLAL）日本事務局
〒162-0823
東京都新宿区神楽河岸1-1
東京ボランティア・市民活動センター
メールボックスNo.90
URL　http://www.olal.net/
メール　info@olal.net

（特活）フリー・ザ・チルドレン・ジャパン
〒110-0015
東京都台東区東上野1-20-6　丸幸ビル3階
TEL　03-3835-0221

● 寄付をする／サポーターや会員になる

ＮＧＯの運営はみなさんからの寄付や会費で成り立っています。好きな金額を寄付する方法や毎月自動的に寄付ができる仕組み、また年会費を払って活動を支える会員制度など、支援の方法にもいくつかの種類があります。会員やサポーターになると、活動の報告が送られてきて、活動の成果や現状をくわしく知ることができます。

● 自分たちで活動して寄付を募《つの》る

学校の文化祭や地域のお祭り、職場のスポーツ大会など、多くの人が集まる場面で児童労働のアピールをして寄付を募り、それをＮＧＯへ寄付することもできます。

● 買い物を通じて寄付をする

フェアトレード商品や団体のオリジナル商品を売っているＮＧＯもあります。そのような商品を直接買うことも支援方法の一つです。さらに最近では、イーココロ！というサイトを通じてインターネットで買い物をするとポイントがつき、それをＮＧＯへ寄付できる仕組みなどもあります。（イーココロ！www.ekokoro.jp）

ＵＲＬ　http://www.ftcj.com
メール　info@ftcj.com

参考になるウェブサイト

ＩＬＯ駐日事務所　児童労働ページ
http://www.ilo.org/public/japanese/region/asro/tokyo/ipec/index.htm

児童労働撤廃国際計画（ILO/IPEC）
http://www.ilo.org/pec/index.htm

児童労働反対世界デー・キャンペーン
http://stopchildlabour.jp

日本ユニセフ協会　子どもの権利条約のページ
http://www.unicef.or.jp/about_unicef/about_rig.html

日本ユニセフ協会　世界の子どものデータのページ
http://www.unicef.or.jp/kodomo/data/data.htm

コードプロジェクト（子ども買春防止のための旅行・観光業行動倫理規範）
http://www.unicef.or.jp/code-p/index.htm

毎年開催している ACE のチャリティフットサル大会。
収益はインドの「子どもにやさしい村」プロジェクトなど、海外の子どもを支援する国際協力の活動に 使われている。

あとがき

あなたの大切にしているものはなんですか？　家族、友だち、恋人、大好きな本やCD、大切な人からのプレゼント、夢、思い出……。もしもその大切なものがなくなったら、あなたはどうしますか。

世界中で児童労働をさせられている子どもたちは、その子たちにとって大切なものを奪われている状態にあるのだと、子どもの権利活動家の森田明彦さんは、あるワークショップで私たちに教えてくれました。家族と一緒に過ごす時間、友だちと遊ぶこと、おなかいっぱいごはんを食べること、勉強すること……。だれでも自分にとってかけがえのないものを失えば、とても不安な気持ちになり、深い悲しみに包まれることでしょう。大切なものをすべて失って、生活のすべてが働くことだけだったら、私たちは生きる希望を失ってしまうかもしれません。

しかし、働かされている子どもたちは懸命に力強く生きています。明日になれば少しは暮らしがよくなるかもしれないという将来への希望や、働くことで家族や兄弟を安心させてあげたいという願いや責任感が子どもたちを支えています。

１９９８年、私たちは「児童労働に反対するグローバルマーチ」に参加して、この問題の解決のために立ち上がっている世界中の子どもたちとおとなたちに出会いました。そこで出会った子どもたちは、自分たちのつらい体験を勇気をもって語り、いまも苦しんでいる子どもたちに自由や可能性を取り戻すために闘っていました。とにかく子どもたちの状況をどうにかしてよくしたい、まずは日本の人たちに伝えていこう、そう思って活動をはじめたばかりだった私たちは、そんな子どもたちに勇気をもらいました。「私たちはひとりではない」ということを知ったのです。

この本を読んでいるあなたもひとりではありません。児童労働の問題はとてつもなく大きく複雑で、自分ひとりの力ではどうすることもできないと思ってしまうこともあるでしょう。しかし、当事者である子どもたちが希望を失っていないのに、私たちが希望を失うわけにはいきません。少なくとも日本に暮らす私たちには、世界を動かす大きな力と可能性があります。

世界中で子どもたちが従事している仕事を見渡すかぎり、日本の私たちの生活とも無関係でないことは明らかです。この本の原稿の校正をしていた２００７年５月にも、インドのデリーで金細工の作業現場から子どもたちが救出されたとのニュースが飛び込んできました。いまこの瞬間にも奴隷のように働かされる子どもたちがいる一方で、子どもたちの汗と涙がしみこんだ金のネックレスを日本人が身につけて喜んでいるかもしれないのです。グローバル化が進み、一つのものが世界中を旅してつくられるようになったいまの社会では、いったんできあがってしまったものが、どこでだれによってどのような状態でつくられたのかを調べることはとてもむずかしいことです。しかし調べることはたいして重要ではなく、はじめから子どもたちの労働を使わないように予防することが大事なのではないでしょうか。それはそれほどむずかしいことではないはずです。つまり一番大切なのは、私たちが本気でこの問題に向き合い、解決するために行動を起こすかどうかなのだと思います。

あなたがもしほんとうに子どもたちの状況をよくしたい、児童労働の問題を解決したいと心から願うのであれば、どうかその気持ちを行動に表してください。この本のことを友だちや家族に話したり、NGOの活動に参加したり、友だちと一緒に募金活動をして子どもたちを支援するプロジェクトに寄付したり、それぞれの立場でできることはたくさんあります。小さなことでもかまいません。一つ行動を起こせば、それがつぎにつながって、仲間がみつかり、新しいアイデアが生まれ、どんどんと輪が広がっていきます。私たちが活動をはじめたときもそうでした。

　この本もたくさんの方々とのつながりの中で完成しました。坂口井さん、冨田沓子さん、中島早苗さん、東真利子さんには、第2章、第3章、第8章の一部を執筆していただいたほか、写真をご提供いただきました。ACEボランティアの富岡由紀子さんには、一部翻訳を担当していただきました。合同出版の八尾浩幸さんとともに企画段階から本をつくり上げる過程で、働かされている子どもたちが抱える問題といまの世界に、私たちはあらためて向き合うことができました。そのほかにもご協力いただいたみなさん、ほんとうにありがとうございました。

　世界中の子どもたちが、自分が大切にしているものをだれからも大切にされ、笑顔で安心して暮らせる世の中を実現するために、あきらめずに一緒にできることからはじめましょう。この本に登場する子どもたちが新しい道を切りひらいたように、必ず実現できるときが来ると私たちは信じています。

児童労働を考えるNGO＝ACE《エース》

岩附由香　白木朋子　水寄僚子

参考文献

『アジアの児童労働と貧困』谷勝英著、ミネルヴァ書房、２０００年
『インドの債務児童労働：見えない鎖につながれて』ヒューマンライツ・ウォッチ著、国際子ども権利センター訳、明石書店、２００４年
『インドの働く子どもたち：ぼくたち、わたしたちの声をきいて』国際子ども権利センター、１９９８年
『キッズ・パワーが世界を変える：クレイグ少年の物語』クレイグ・キールバーガー著、中島早苗訳、大月書店、２００４年
『研究　児童労働：JIILAF 国際労働問題研究会報告より』財団法人国際労働財団編、財団法人国際労働財団、１９９９年
『子どもたちのアフリカ〈忘れられた大陸〉に希望の架け橋を』石弘之著、岩波書店、２００５年
『子どもの権利条約カードブック』財団法人日本ユニセフ協会、１９９７年
『子どもを喰う世界』ピーター・リーライト著、さくまゆみこ、くぼた

のぞみ訳、晶文社、１９９５年

『児童労働―廃絶にとりくむ国際社会』初岡昌一郎編、日本評論社、１９９７年

『ストリートチルドレン―メキシコシティの路上に生きる』工藤 律子著、岩波書店、２００３年

『世界の児童労働―実態と根絶のための取り組み』経済協力開発機構（ＯＥＣＤ）編著、経済協力開発機構、２００５年

『世界から貧しさをなくす30の方法』田中優、樫田 秀樹、マエキタ ミヤコ編、合同出版、２００６年

『世界がもし１００人の村だったら４ 子ども編』池田香代子＋マガジンハウス編、マガジンハウス、２００６年

『世界子供白書１９９７―児童労働』UNICEF（国連児童基金）著、財団法人日本ユニセフ協会、１９９７年

『世界子供白書２００６―存在しない子どもたち』UNICEF（国連児童基金）著、財団法人日本ユニセフ協会、２００６年

『ネパールの働く子どもたち―はた織りに隠された悲惨』Child Workers In Nepal Concerned Center 編、矢野 好子訳、明石書店、１９９５年

『働く子どもたちへのまなざし』ミシェル・ボネ著、堀田一陽訳、社会評論社、2000年
『ハンドブック 子どもの権利条約』中野 光、小笠 毅 著、岩波書店、1996年
『フィリピンの少女ピア―性虐待をのりこえた軌跡』中島早苗、野川未央著、大月書店、2006年
『ふたり★おなじ星のうえで』谷川俊太郎著、東京書籍、2007年
『ぼくは13歳 職業、兵士。』鬼丸昌也、小川真吾著、合同出版、2005年
『僕たちは、自由だ! クレイグ少年の南アジア50日間の冒険記』クレイグ・キールバーガー著、佐光紀子訳、本の泉社、2000年
『ほっとけない世界のまずしさ』ほっとけない世界のまずしさ編、扶桑社、2006年
『未来を奪われた子どもたち』アニー・アルスブルック アンソニー・スウィフト著、甲斐田万智子訳、明石書店、1990年

【ACE発行・執筆本】

『アジア・太平洋人権レビュー２００４』（「児童労働と企業の社会的責任」、岩附由香、白木朋子）（財）アジア・太平洋人権情報センター（ヒューライツ大阪）編、現代人文社、２００４年

『開発における児童労働の主流化：ＩＬＯグローバルレポートとミレニアム開発目標をもとに』ＡＣＥワーキングペーパー№1、２００６年

『サッカーボール産業における児童労働への取り組み：製造における企業の社会的責任』ＡＣＥワーキングペーパー№2、２００６年

『児童労働のない明日へ：企業・市民・ＮＧＯにできること』２００６年

『地球が舞台―国際ＮＧＯ最前線からの活動報告』（第３章「児童労働と向き合うとき：届けたい働く子どもたちの声」岩附由香）津守滋編著、勁草書房、２００２年

『ボールの向こうに見えるもの（ワールドカップキャンペーンブックレット）』２００２年

児童労働のない世界をつくるNGO ACE（エース）について

ACEは1997年に学生5人で立ちあげられたNGOです。「働くことそのものではなく搾取されることがいやなんだ」という、働く子どもたち自身の声と、子どもたちと一緒に立ち上がろう！という想いを反映させ、Action against Child Exploitation（「子どもの搾取に反対する行動」という意味。頭文字を取ってACE）と名づけました。「遊ぶ、学ぶ、笑う。そんなあたりまえを世界の子どもたちに」をキャッチフレーズに、「世界中の子どもが権利を守られ、安心して希望をもって暮らせる社会」の実現をめざして、インド、ガーナ、日本で活動しています。

①サポーターになって活動を支えて下さい

・**会員（賛助会員6000円から）**
年単位で活動全体を支えていただきます。定期的に活動の報告をお届けします。

・**マンスリーサポーター（月1000円から）**
月々の寄付で、ＡＣＥの活動をサポートしていただきます。銀行か郵便局の自動引き落としとなります。

・**一般寄付**
金額の多寡にかかわらずいつでも受け付けています。ぜひご支援ください。
[郵便振替口座] 00110-7-562122
加入者名：ACE
[銀行口座] 三菱東京UFJ銀行 上野中央支店 普通預金 1751825
口座名義 特定非営利活動法人ACE（トクテイヒエイリカツドウホウジンエース）
銀行口座に振込まれた方は、事務局までお名前・ご連絡先をお知らせください。

—あたりまえを世界の子どもに—

②講師・ファシリテーターを派遣します

学校で、職場で、地域で、児童労働を学ぶための勉強会やセミナーをしてみませんか？子どもも参加しながら学べるワークショップや教材の貸出もしています。まずはお問い合わせください。

③ ACEのグッズを買って、お友達にも広げて下さい

売上の一部がガーナやインドの支援になるグッズを販売しています。

④資料請求・問い合わせ・入会申し込み

特定非営利活動法人ACE（エース）
〒110-0015 東京都台東区東上野1-6-4
あつきビル3Ｆ
TEL 03-3835-7555
FAX 03-3835-7601
Eメール info@acejapan.org
ホームページ
http://www.acejapan.org

この本によるACEへの収益金は、全て活動に使われています。

■執筆者紹介

岩附由香　（いわつき・ゆか）

1974年東京都生まれ。（特活）ACE理事・代表。上智大学文学部卒業。大阪大学大学院国際公共政策研究科（OSIPP）博士前期課程修了。大学院在学中の1997年にＡＣＥを設立。以後、代表を務める。会社員、国連機関スタッフ、通訳などの職と平行しボランティアで活動を続け、2007年からACEの活動に専念。子育てをしながら組織運営に励む。

白木朋子　（しろき・ともこ）

1974年宮城県生まれ。（特活）ACE理事・事務局長。明治学院大学国際学部卒業。英国サセックス大学・文化環境開発研究所、開発人類学修士課程修了。大学のゼミでインドにフィールドワークで行き、児童労働を余儀なくされている子どもたちに出会う。大学4年生の時に岩附とともにACEを設立し、活動に取り組む。民間企業を経て2005年4月より現職。

水寄僚子　（みずより・ともこ）

1971年神奈川県生まれ。2001年からＡＣＥでボランティアとして児童労働の啓発活動に取り組む。外務省委嘱NGO専門調査員としてガーナの児童労働調査を実施。児童労働に関するアドボカシー先行事例の研究などにも従事。2005～07年ＡＣＥ理事。

■執筆協力者

坂口井　JICA青年海外協力隊中米ニカラグア隊員

冨田沓子　元WAO-Afrique職員

中島早苗　（特活）フリー・ザ・チルドレン・ジャパン事務局長

東真利子　（特活）ACE 2006年度インターン

■翻訳協力

富岡由紀子　（特活）ACEボランティア

わたし8歳、カカオ畑で働きつづけて。

～児童労働者とよばれる2億1800万人の子どもたち～

2007年11月25日　第1刷発行
2014年 8月15日　第7刷発行

著　者　岩附由香・白木朋子・水寄僚子
発行者　上野良治
発行所　合同出版株式会社
東京都千代田区神田神保町1-28
郵便番号101-0051
電　話　03（3294）3506　FAX 03（3294）3509
振　替　00180-9-65422
ホームページ　http://www.godo-shuppan.co.jp/
印刷・製本　新灯印刷株式会社
■刊行図書リストを無料送呈いたします。
■落丁乱丁の際はお取り換えいたします。

ISBN978-4-7726-0401-7　NDC379　148×210